《아주 특별한 상식 NN-의료 세계화》

의료 세계화,
자본은 우리를 어떻게 병들게 하는가?

《아주 특별한 상식 NN-의료 세계화》

의료 세계화,
자본은 우리를 어떻게 병들게 하는가?

셰린 우스딘 | 추선영 옮김

이후

《아주 특별한 상식 NN》이란?

우리 시대의 핵심 주제를 한눈에 알게 하는 《아주 특별한 상식 NN》

이 시리즈는 2001년에 영국에서 처음 출간되기 시작했습니다. 'The NO-NONSENSE guide'라는 이름을 갖고 있었으나 한국판을 출간하면서 지금 이 시대를 살아가는 우리가 꼭 알아야 할 '특별한 상식'을 이야기해 보자는 뜻으로 《아주 특별한 상식 NN》이란 이름을 붙였습니다. 세계화, 기후변화, 세계의 빈곤처럼 복잡하면서도 중요한 전 세계의 쟁점을 쉽게 이해할 수 있도록 기획된 책입니다.

각 주제와 관련된 주요 논쟁거리를 쉽게 알 수 있도록 관련 사실, 도표와 그래프, 각종 정보와 분석을 수록했습니다. 해당 주제와 관련된 행동에 직접 나서고 싶은 독자를 위해서는 세계의 관련 단체들이 어디에 있으며, 어떤 일을 하고 있는지 소개해 놓았습니다. 더 읽을 만한 자료는 무엇인지, 특별히 염두에 두고 읽어야 할 정보들은 어떤 것이 있는지도 한눈에 들어오게 편집했습니다.

우리 시대의 핵심 주제들을 짧은 시간에 쉽게 파악할 수 있게 도와주는 이 시리즈에는 이 책들을 기획하고 엮은 집단 〈뉴 인터내셔널리스트New Internationalist〉가 지난 30년간 쌓은 노하우가 담겨 있으며, 날카로우면서도 세련된 문장들은 또한 긴박하고 역동적인 책읽기의 즐거움을 느끼게 해 줄 것입니다.

　　다음 세대를 살아가는 데 알맞은 대안적 세계관으로 이끌어 줄 《아주 특별한 상식 NN》 시리즈에는 주류 언론에서 중요하게 다루지 않는 특별한 관점과 통계 자료, 수치들이 풍부하게 들어 있습니다. 이 시대를 살아가는 데 꼭 필요한 주제를 엄선한 각 권을 읽고 나면 독자들은 명확한 주제 의식으로 세계를 바라볼 수 있게 될 것입니다.

　　《아주 특별한 상식 NN》이 완간된 뒤에도, 이 책을 읽은 바로 당신의 손으로 이 시리즈가 계속 이어질 수 있기를 바랍니다.

《아주 특별한 상식 NN》, 어떻게 읽을까?

〈본문 가운데〉

▶ 용어 설명

본문 내용 가운데 특별히 중요한 용어는 따로 뽑아 표시해 주었다. 읽는 이가 꼭 짚고 넘어가야 할 개념이나 중요한 책들, 사회적으로 의미가 있는 단체, 역사적 사건에 대한 설명들이 들어 있다.

▶ 인물 설명

역사적으로 중요한 인물, 각 분야 문제 인물의 생몰연도와 간단한 업적을 적어 주었다.

▶ 깊이 읽기

본문 내용을 이해하는 데 부차적으로 필요한 논거들, 꼭 언급해야 하는 것이지만 본문에서 따로 설명하지 않고 있는 것들을 적어 주었다.

▶ 자료

본문을 읽을 때 도움이 될 통계 자료, 사건 따위를 설명하고 있다.

〈부록에 실은 것들〉

▶ 본문 내용 참고 자료

본문과 따로 좀 더 심도 깊게 들여다보면 좋을 것들을 부
록으로 옮겨 놓았다.

▶ 관련 단체

해당 주제와 관련된 활동을 펼치는 국제단체를 소개하
고, 웹사이트도 실어 놓았다.

▶ 원서 주석과 참고 문헌

더 찾아보고 싶은 자료들이 있다면 해당 주제와 관련된
정보를 친절하게 실어 놓은 부록을 통해 단행본, 정기간
행물, 웹사이트 주소를 찾아보면 된다.

▶ 함께 보면 좋을 책과 영화

이 책과 더불어 읽으면 좋은 책, 도움이 될 만한 영화를
소개해 놓았다.

◤N▷ 차례

◤N▷ 1장 21세기에도 여전히 많은 사람이 아프다

N 2장 세계화, 터무니없는 부의 공격

N 3장 특허의 정치

N 4장 성차의 정치

5장 오래된 전염병, 새로운 전염병

6장 비전염성 질병의 역습

7장 큰 해결책

NO-NONSENSE

부록

세계화 시대 질병과 빈곤의 원인을 파헤치다

데스몬드 투투Desmond Tutu(명예 대주교, 노벨 평화상 수상자)

21세기가 밝았지만 지구상의 시민 개개인에게 건강한 삶과 복리를 보장하는 일은 그 어느 때보다 후퇴한 상태입니다. 아직도 매일 수백만 명이 에이즈, 결핵, 설사병, 말라리아, 홍역같이 충분히 예방할 수 있는 질병으로 사망하고 있습니다. 이런 질병을 나열하자면 끝이 없습니다.

지난 5년 동안 아프리카에서만 4천만 명이 사망했습니다. 우리가 살리려고 마음만 먹었다면 충분히 살 수 있는 사람들이었습니다. 4천만 명이라는 수치는 아프리카에서 인구가 가장 적은 나라 열 곳의 인구를 모두 합한 것과 맞먹고, 현대 아프리카에서 일어난 분쟁과 두 차례의 세계대전을 비롯해 전 세계에서 벌어진 갈등 속에서 희생된 사망자를 모두 합한 것보다 많습니다. 이렇듯 전 세계에서 예방 가능한 질병으로 사망하는 사람의 수는 상상을 초월합니다.

그 어느 때보다 풍요로운 오늘날 어떻게 이런 일이 일어날 수 있을까요? 어떻게 그렇게 많은 사람들이 사람을 녹초로 만들고 품위를 훼손하며 인간성을 박탈하는 빈곤 때문에 병에 걸려 사망할 수 있을까요?

빈곤의 원인은 여러 가지가 있을 수 있습니다. 그러나 오늘날의 불평등은 대체로 빈곤한 사람을 희생시켜 부를 그러모으는 세계화된 경제 때문입니다. 무역은 전 세계 수백만 명의 가난한 사람들을 빈곤에서 구제할 잠재력을 가지고 있지만 실상은 그 반대로 작용하고 있습니다. 무역의 규칙이 불공정한 탓에 부유한 사람은 더 부유해지고 가난한 사람은 더 가난해집니다. 덕분에 오늘날 아프리카 인구의 절반 이상은 하루 1달러에도 못 미치는 돈으로 살아가고 있습니다.

식민 통치의 족쇄에서 벗어난 여러 나라 시민들은 자유라는 큰 희망을 품었습니다. 그러나 전기, 깨끗한 물, 안전하게 살아갈 공간, 생계 임금을 벌 수 있는 일자리, 아이들이 다닐 학교, 진료 받을 수 있는 보건 의료 체계가 보장되지 않는다면 자유는 아무런 의미가 없습니다.

오늘날 부유한 나라들은 수십억을 들여 무기 구입에 열을 올리고 있습니다. 무기 구입 비용 가운데 아주 조금만 가지고도 빈곤을 퇴치하고 모든 사람에게 깨끗한 물과 음식을 제공할 수 있습니다. 부유한 나라가 자기보다 더 가난한 나라 사람들의 생활을 개선하겠다고 진심으로 마음먹는다면 빈곤을 퇴치하는 것은 물론, 빈곤이 야기한 질병으로 사망하는 사람 수를 크게 줄일 수 있습니다.

그렇게 많은 사람들이 가난에서 빠져나오지 못한 채 불평등한 세상에서 살아가고 있다는 사실은 우리 모두에게 영향을 미치는 위기를 만들어 냅니다. 빈곤은 전 세계로 퍼져나갈 수 있는 질병만 몰고 오는 것이 아니라 국가 경제를 위기에 빠뜨리고 사회적, 정치적 안전을 위협합니다. 우리는 인류라는 이름으로 서로 연결되어 있습니다. 그러므로 가라앉더라도 함께 가라앉고 헤엄치더라도 함께 헤엄치게 될 것입니다.

언젠가는 제 아이도 서로가 서로를 돌보는 세계 가족의 구성원임을 깨닫게 되기를 바랍니다.

또한 모든 아이들이 적절한 교육과 적절한 의료 서비스를 받고 품위를 유지하며 생존할 수 있기를 바랍니다. 개별 나라들이 자국민에게 제공하는 복지가 세계적인 차원으로, 자국민을 위해서만이 아니라 세계 전체를 대상으로 확대된다면 세계는 엄청난 변화를 겪게 될 것입니다.

당장 행동에 나서야 합니다. 그것이 우리가 인류로서 존재하는 이유입니다. 혼자서는 인류가 될 수 없습니다. 인간은 함께할 때 비로소 인류가 되는 것입니다.

세린 우스딘도 이와 같은 믿음을 바탕으로 이 책을 썼습니다. 사회가 정의롭지 않다면 세계의 그 누구도 건강하고 존엄한 삶을 제대로 누릴 수 없을 것입니다.

　귀한 시간을 내어 조언해 주신 조너선 버거Jonathan Berger, 샤론 폰Sharon Fonn 교수, 레이철 주케스Rachel Jewkes 교수, 프리야 나이두Priya Naidu, 라파엘 오브레곤Rafael Obregon 부교수, 모하우 페코Mohau Pheko, 레보 라마포코Lebo Ramafoko, 데이비드 샌더스David Sanders 교수, 세라 섹스턴Sarah Sexton, 스콧 싱클레어Scott Sinclair, 캐런Karen, 마르틴Martine, 르네 우스딘Renee Usdin과 로스 우스딘Ros Usdin, 해런 웨이드Haroon Wadee, 트로스 웰스Troth Wells에게 감사드립니다. 무엇보다 내 곁을 든든히 지켜준 딸 로미Romy에게 고마운 마음을 전합니다.

1. 한글과 외래어 표기는 〈국립국어원〉 표준국어대사전 표기 및 '외래어 표기법'을 따랐다. 단, 원칙대로 표기할 경우 현실과 지나치게 동떨어진 음이 나오면 실용적 표기를 취했다.

2. 단행본, 정기간행물에는 겹낫쇠(『 』)를, 논문이나 기고문, 에세이 등에는 홑낫쇠(「 」)를, 단체명과 영화명의 경우 꺾쇠(〈 〉)를 사용했다. 그 외, 영문 단행본이나 정기간행물은 이탤릭체로, 영문 논문은 큰따옴표(" ")로 표시했음을 밝힌다.

3. 옮긴이가 독자의 이해를 돕기 위해 첨언한 부분은 대괄호([ ])로 묶어 표시했고 용어나 인물 설명, 깊이 읽기 가운데 옮긴이가 추가한 내용에는 옮긴이 표시를 붙였다.

4. 원서에 있던 본문 주석은 모두 부록으로 뺐다.

5. 이 책에서는 국제기구의 이름을 약자로 쓰지 않고, 되도록 풀어 썼다. 자주 등장하는 단체 및 기구는 다음과 같다.

관세와무역에관한일반협정(General Agreement on Tariffs and Trade, GATT)
국제통화기금(International Monetary Fund, IMF)
세계무역기구(World Trade Organization, WTO)
세계보건기구(World Health Organization, WHO)
세계보건총회(World Health Assembly, WHA)
세계은행World Bank
아프리카통일기구(Organization of African Unity, OAU)
안전보장이사회The Security Council
유엔식량농업기구(United Nations Food and Agriculture Organization, FAO)
유엔개발계획(United Nations Development Programme, UNDP)
유엔아동기금(United Nations Children's Fund, UNICEF)
유엔인구기금United Nations Population Fund

전 세계 보건 의료의 정치경제학을 위하여

1981년, 요하네스버그 비트바테르스란트 대학교의 젊은 의학도였던 나는 '아파르트헤이트와 건강: 환자의 병력 및 주요 증상'이라는 주제로 열린 회의에 참석했다. 그 회의는 말도 안 되는 일이 벌어지던 시절에 남아프리카공화국에서 살아가던 나에게 커다란 전환점이 되었다.

모름지기 좋은 의사라면 진료를 시작할 때 '환자의 병력과 주요 증상'부터 묻는 것이 정상이다. 각종 검사를 하기 전에 시행되는 문진은 문제의 근본 원인을 파악하기 위한 절차다. 의사는 환자에게 "어느 부위에 통증이 있는지, 언제부터 아프기 시작했는지, 어느 때 더 아픈지, 어느 때 덜 아픈지" 등의 질문을 하고 환자의 대답을 들은 뒤, 진단을 내리고 치료와 처방을 진행한다.

'아파르트헤이트와 건강' 회의에 참석한 우리들은 병력과 주요 증상을 묻는 차원을 넘어 아파르트헤이트 아래서 무엇이 질병과 죽음을 야기했는지를 캐내는 질문을 던져야 한다고 생각하게 되었다.

가령 문진을 통해 밤에 땀을 흘리면서 계속 기침을 하고 가슴에 통증이 있는 환자는 결핵을 앓고 있다고 진단할 수 있다. 그리고 그 원인은 남아프리카공화국을 유명하게 해 준 금광에서 평생 금을 캐는 광부로 일한 사람들을 감염시킨 바실루스균일 테다. 아파르트헤이트 시절 참정권조차 누리지 못했던 흑인들은 남아프리카공화국에서도 오지에 속하는 건조한 지대에서 살았다. 백인에게 노동력을 제공하면서도 백인들만의 남아프리카공화국에서 영원히 축출된 흑인들은 자기 나라에서 이민자 신세가 되었던 것이다. 지저분한 쪽방에서 생활하고 제대로 된 식사도 할 수 없으며 열악한 노동조건을 견뎌야 하는 광부들이 감염에 취약한 것은 너무나도 당연했다.

환자가 겪는 주요 증상의 내력을 해석하라는 주문은 참석자들의 마음을 움직였다. 의사로서 해야 할 일은 질병이 빈곤이나 불평등 문제와 떼려야 뗄 수 없는 관계라는 진단을 확실하게 내리는 것이었다. 물론 그 질병의 치료법은 사회정의 실현에 있다.

이 책은 요하네스버그의 여름 더위 속에서 잠든 내 아이 주변을 앵앵거리며 맴도는 모기와 사투를 벌이는 가운데 탄생했다. 고질적으로 말라리아가 창궐하는 동네에서 부모로 살아가는 사람이라면 아마 단 하루도 절대로 편하게 잠들 수 없을 것이라는 생각이 들었다. 그러나 매년 백만 명의 아동이 말라리아로 죽어가고 있는데도 세계는 편안히 잠자리에 든다.

전 세계 보건 의료의 정치경제학이라 해도 괜찮을 이 책은 우리가 잠들어 있는 사이에 벌어지는 일을 검토하고 부가 흘러넘치는 오늘날에도 질병으로 고통 받는 사람이 그렇게 많은 이유를 밝히려 한다.

오늘날 의료 세계화의 지형도를 정확히 반영하려고 노력했지만 이 책을 쓰고 있는 동안에도 새로운 내용이 속속 등장했다. 세계에서 가장 부유한 나라들의 모임인 G8의

● G8─주요 8개국 정상회담. 독일, 러시아, 미국, 영국, 이탈리아, 일본, 캐나다, 프랑스가 여기에 참여하고 있다. 옮긴이

정상들은 곧 다시 만나 새로운 약속을 쏟아낼 것이다. 물론 뚜껑은 열어 봐야 알겠지만 말이다.

보건 의료는 광대한 영역에 걸쳐 있기 때문에 이 작은 책에 관련된 모든 내용을 공평하게 담는다는 것은 애초부터 무리였다. 특히 전쟁, 다양한 긴급 구호 상황, 장애, 청소년, 교육같이 건강에 관련된 중요한 주제들을 모두 담지 못해 아쉽다. 이 책에서는 한 단락 정도로 간략히 다뤄진 주제라고 해도 실제로는 책 한권을 쓰고 남을 만큼의 방대한 내용을 포괄하는 주제도 있다. 보건 의료 분야가 안고 있는 문제가 어찌나 심각한지 책을 쓰는 동안 수시로 낙담하기도 했다.

그러나 희망을 가져 볼 여지가 전혀 없는 것은 아니다. 얼마 전 나는 먼지를 뒤집어쓰고 있는 『자본 *Das Kapital*』 옆에 "더 나은 세계는 가능하다"고 주장하는 책을 꽂아놓았다. 최근 이런 주장이 조금씩 주류가 되고 있다. 사람들이 자신을 둘러싼 현재의 세계 질서가 자신에게 어떤 영향을 미치고 있는지 이해하기 시작했다는 뜻이다. 더불어 세계 도처에서 질병으로 신음하고 있는 사람들을 치료하려면 사회정의와 보편적 인권을 실현해야 한다고 인식하는 사람들도 늘어나고 있다.

1

21세기에도 여전히
많은 사람이 아프다

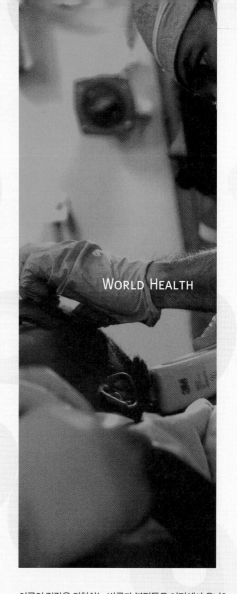

WORLD HEALTH

인류의 건강을 위협하는 빈곤과 불평등은 어디에서 오나?
일차 보건 의료 서비스는 왜 몰락의 길을 걸어야 했을까?
신자유주의 경제 질서와 구조 조정 프로그램은 보건
의료에 어떤 영향을 미쳤나?

21세기에도 여전히 많은 사람이 아프다

기대 수명은 크게 늘어났지만 모두가 그 이득을 고르게 나눠 가진 것은 아니다. 오늘날의 세계는 건강에 막대한 부담을 지우는 불평등을 토대로 성립되었다. 불평등의 역사는 결코 짧지 않지만 불평등이 이 정도로 심화된 것은 모두 지난 수십 년 사이 남반구에 적용된 거시 경제 정책 탓이다. 지난 1979년 〈세계보건기구〉가 2000년까지 "모든 인류를 건강하게" 만들겠다고 선언했지만 그 선언이 한낱 야무진 꿈에 그치게 된 것도 모두 북반구에 이익을 안겨 주기 위해 수립된 거시 경제 정책 때문이다.

"최첨단 기술이 동원되는 근대의 전쟁은 인간들 사이 물리적 접촉 없이 치러진다. 따라서 15킬로미터 상공에서 폭탄을 투하하는 사람은 자기가 무슨 일을 하는지 '느끼지' 못한다. 근대의 경제 관리도 비슷하다. 누군가의 삶을 파괴할 수도 있는 정책을 어느 고급 호텔에 앉아 아무렇지도 않게 결정할 수 있는 것은 그 정책으로 인해 누군가의 삶이 파괴될 거라는 사실을 깨닫지 못하기 때문이다."[1]

―조셉 스티글리츠Joseph Stiglitz(전 〈세계은행〉 수석 경제학자, 2001년 노벨경제학상 수상)

지금 우리가 사는 곳을 외계인이 방문한다면 그는 모선母船에 지구의 모습을 어떻게 설명해야 할지 몰라 쩔쩔맬 것이다. 시민 X가 화려한 펜트하우스에서 생수를 마시는 동안 시민 Y의 어머니는 물 한 방울이라도 더 얻으려고 더러운 물웅덩이 앞에 엎드려 있어야 하는 곳이 지구이기 때문이다.¹⁾

　오늘날 음용수로 쓸 깨끗한 물을 구하지 못하는 사람은 11억 명이나 되고 기본적인 위생 시설조차 없는 곳에서 사는 사람은 26억 명²⁾에 달한다. 위생은 꿈도 꿀 수 없는 이런 현실 속에서 살아가는 시민 Y는 감염에 취약하기 마련이다. 어쩌면 시민 Y도 깨끗한 음용수를 구하지 못해 매년 설사병으로 사망하는 150만 명의 아동 중 한 명일 수 있다.³⁾ 시민 Y가 보건교육을 받았을 리 없고 시민 Y의 엄마가 **경구재수화 요법** 같은 응급치료법에 대해 들어봤을 리 만무하다. 진료소는 또 어찌나 먼지 걸어서 가기엔 무리이고, 차를 타고 갈 돈은 더더욱 없다.

　●**경구재수화 요법** — 탈수 상태의 사람에게 입으로 수분을 공급하는 방법이다. 소금 4분의 1차숟가락과 설탕 1차숟가락을 끓인 물 1컵에 타 먹인다. 어린이들에게 치명적일 수 있는 탈수 증세를 해결하는 데 획기적인 성과를 보여 유아사망률을 낮추는 데 기여했다. 옮긴이

　운이 좋아 시민 Y가 모든 병마를 물리치고 살아남는다 해도 멀쩡한 상태로 열다섯 번째 생일을 맞을 가능성은 그리 높지 않다. 죽지는 않더라도 감염으로 눈이 멀거나 한창 성장할 나이에 영양을 충분히 공급받지 못해 면역 체계나 인지 체계가 제대로 기능하지 못하게 될 가능성이 높기 때문이다. 학교에 가게 된다 해도 학업 성취도가 현저히 떨어질 것이기 때문에 시민 Y가 좋은 성적

으로 학교를 졸업하고 근사한 일자리를 얻어 빈곤에서 벗어난다는 것은 하늘의 별따기나 마찬가지다. 빈곤이 질병을 불러오고 질병은 다시 빈곤을 낳는 악순환이 반복된다.

외계인은 화려한 펜트하우스에 사는 시민 X에게도 문제가 있다고 모선에 보고할 것이다. 화려하고 사치스러운 생활을 하는 시민 X지만 만성질환에는 맥을 못쓰기 때문이다. (어이없게도 가난한 사람들의 만성질환 발병률도 증가하는 추세다. 6장을 참고하라.) 그래도 70세의 시민 X가 심장발작을 겪게 되면 최첨단 기술을 보유하고 기적을 일으킬 준비가 되어 있는 최고의 의료진이 포진한 병원으로 달려갈 수 있으니 시민 Y보다는 나은 처지라고 할 수 있다.

우리는 놀라운 일을 일으킬 수 있는 시대에 살고 있다. 우리는 인간 게놈 지도를 완성했고 배아 줄기세포에서 기관 조직을 배양하는 기술도 개발했다. 인간 복제를 실현할 날이 멀지 않았는지도 모른다. 기존 심장을 인공 심장으로 대체해 수명을 연장할 수 있고 컴퓨터를 이용해 아주 복잡한 수술도 성공적으로 마칠 수

▪ 깊이 읽기

물을 찾아서

〈유엔아동기금〉의 후원을 받아 수행된 연구에 따르면 23개국에서 적어도 5분의 1 이상의 가구가 한 시간 이상 떨어진 곳까지 나가야 물을 구할 수 있고, 상수도가 있는 지역이라도 물이 불규칙하게 공급되거나 단수가 잦아 몇 시간 넘게 물을 쓰지 못하는 경우가 허다하다.

있다. "기적같이 놀라운 일"이 매일 우리 곁을 찾아오는 시대지만 그런 기적도 전 세계 인구의 거의 절반이 경험하고 있는 끝도 없이 이어지는 빈곤과 질병을 퇴치하는 데는 아무런 도움이 되지 못한다. 아직도 전 세계의 28억 명이 하루 2달러도 되지 않는 돈으로 생계를 이어간다. 에티오피아에서는 그런 사람들을 '우하 안파리wuha anfari'라고 부르는데 "이슬만 먹고 사는 사람들"이라는 뜻이다.

늘어난 수명, 깊어지는 불평등

수렵과 채집을 하던 우리 조상들의 평균수명은 25세였다. 평균수명은 사회·경제적 조건이 향상되면서 19세기 중반에 이르러 크게 늘었고, 1950년대에 들어서 다시 20년에서 30년 정도 늘어났다. 19세기 중반에 평균수명이 큰 폭으로 증가한 것은 깨끗한 물과 위생 시설이 보급되는 등, 생활수준이 높아지고 영양 섭취 수준이 향상되었기 때문이다. 이때는 경구재수화 요법이나 예방 접종을 비롯한 대규모 공중 보건 의료 활동이 개입하기 전이었지만 전문가들은 공중 보건 의료 역시 평균수명 증가에 기여했다는 사실을 제대로 평가해 줘야 한다고 주장한다.

20세기 후반을 거치며 평균수명은 급격히 치솟았고, 오늘날에는 80세에 이른 곳도 있다.[4] 1950년대 이후로 전염병 치료, 당뇨병이나 심혈관 질환 같은 비전염성 질환의 예방과 통제를 중심으로 한 의학이 지속적으로 발전했기 때문이다.

대부분의 사람은 한 세기 전과 비교해 더 오래 살게 되었지만 개개인의 기대 수명은 나라에 따라, 그리고 한 나라 안에서도 여러 요인에 따라 차이가 난다. 어떤 곳에서는 40세만 넘겨도 운이 좋다는 소리를 듣는다. 사하라 이남 아프리카 지역의 기대 수명은 에이즈 바이러스 때문에, 과거 소비에트연방 지역의 기대 수명은 사회 혼란, 빈곤 증가, 사회 서비스 붕괴 때문에 오히려 줄어들고 있다. 산업 선진국에서는 2만 8천 명 중 한 명이 임신에 따른 문제로 사망하지만, 사하라 이남 아프리카 지역에서는 16명 중한 명 꼴로 사망한다. 오스트레일리아는 부유한 나라지만 오스트레일리아 원주민의 기대 수명과 백인의 기대 수명은 20년 넘게 차이가 나며 아프리카계 미국인의 조기 사망률은 백인에 비해 90퍼센트나 높다.[5]

〈유엔아동기금〉에 따르면 1990년 78퍼센트이던 물 접근성이 2004년 84퍼센트로 올랐다. 그러나 이 수치는 물 접근성의 나라 간 차이와 나라 안 차이를 은폐하는데, 특히 도시 지역과 농촌 지역의 격차가 크다. 1990년에서 2004년 사이 서아프리카와 중앙아프리카 도시 지역의 경우 4천9백만 명의 주민이 수질이 개선된 음용수를 마실 수 있었지만, 농촌 지역의 경우에는 2천6백만 명의 주민만이 그 혜택을 누렸다. 격차가 더 크게 벌어진 몽골의 경우 도시 주민의 87퍼센트가 안전한 물을 마실 수 있지만 농촌 주민의 경우에는 30퍼센트만이 안전한 물을 마실 수 있다.

오늘날 전 세계 평균이라는 이름으로 제시되는 장밋빛 수치는 성별, 인종, 지리적 위치, 재정 건전성 같은 요인을 기준으로 세분화할 경우 빛을 잃는다. 그 밖에도 건강을 좌우하는 사회·경제적 결정 요인은 다양하다. 사회적 기득권을 얼마나 소유하고 있느냐에 따라 위험에 노출되는 빈도가 달라지고 삶의 기회나 안전한 물과 위생, 교육, 보건 의료 서비스를 포함해 생활에 필요한 자원을 얻을 가능성이 달라진다. 즉 사회·경제적 결정 요인이 개인의 수명을 결정하고 살아 있는 동안의 건강을 좌우한다.

절대 빈곤은 건강에 부정적인 영향을 미친다. 절대 빈곤이 원인이 되어 매년 1천만 명이 넘는 아동이 굶어 죽거나 예방할 수 있는 질병으로 사망한다. 3초에 한 명 꼴로 사망하는 셈인데 대부분은 폐렴, 설사병, 말라리아, 홍역, 에이즈, 영양실조, 신생아 주변의 열악한 환경 등, 빈곤과 관계된 질병이나 조건으로 인해 사망하며 이런 일은 대개 남반구에서 일어난다.

아무리 사소한 사회적 박탈이라도 불평등은 사회에 부정적인 결과를 초래한다. 사회의 응집력이 부족하고 재분배 정책에 대한 정치적 지원이 적절하게 이루어지지 않는 것 역시 부정적인 결과를 낳는 원인으로 여겨진다.

사실 가난한 나라라도 부유한 나라보다 불평등 수준이 낮다면 부유한 나라와 동등하거나 때로는 더 나은 건강 수준을 유지하기도 한다. 가령 스리랑카나 인도의 케랄라 주는 가난하지만 재분배 정책과 평등 지향 정책에 막대한 투자를 한 결과 소득이 대체로 균일하다. 기본적인 치료를 제공하거나 예방 차원에서 이뤄지는 보건 의료 서비스는 토지개혁, 주택에 대한 보편적 접근권 보장, 양성 평등을 강조하는 교육, 통학비와 급식비 보조, 깨끗한 물과

경제성장이 건강의 보증수표는 아니다

일단 일인당 최저 소득이 보장되고 나면 경제성장보다는 교육이나 기타 사회적, 정치적 투자가 사람들의 건강 증진에 더 큰 영향을 미친다.* 바로 이것이 가난하지만 불평등 수준이 낮은 나라가 부유하지만 불평등 수준이 높은 나라에 비해 건강 지수가 높은 이유다. 가령 1인당 국내총생산이 스리랑카보다 네 배 높지만 세계에서 가장 불평등한 나라 중 하나인 남아프리카공화국의 인간 개발 지수**는 스리랑카의 인간 개발 지수보다 낮다.

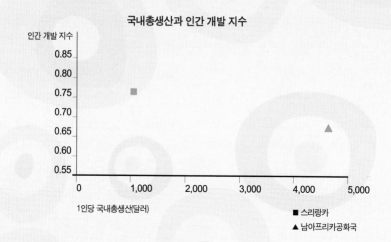

▶출처—http://hdr.undp.org/hdr2006/statistics/indicators/

---

* R. Beaglehole, R. Bonita, *Public Health at the Crossroads: Achievements and Prospects* (Cambridge University Press, 2004).

** 인간 개발 지수Human Development Index는 인간의 복리를 측정하는 지수로 인간 개발 지수가 높을수록 복리도 높다. 인간 개발 지수에는 기대 수명, 문자 해득률, 교육 수준, 생활수준 등이 포함된다.

위생 시설 보급, 광범위한 사회 안전망 구축 전략과 맞물려 있다.

케랄라 주는 더 부유한 나라와 비교했을 때 1인당 국민소득이 100분의 1에 불과할 때도 있다. 케랄라 주 사람들의 1인당 보건 의료비 지출은 28달러로 1인당 3천9백25달러를 지출하는 미국인들에 비해 터무니 없이 작지만 기대 수명은 여성이 76세, 남성은 74세로 각각 80세, 74세인 미국과 엇비슷하다.[6] 케랄라 주의 유아 사망률은 신생아 1천 명당 14명으로 1천 명당 7명인 미국과 비교해 별 차이를 보이지 않지만 미국 평균보다 더 높은 유아사망률을 보이는 아프리카계 미국인에 비하면 훨씬 낮다. 또한 케랄라 주와 비슷하게 가난한 인도의 다른 지역 평균 유아사망률이 신생아 1천 명당 68명이라는 점을 감안하면 케랄라 주의 유아사망률은 지극히 낮은 것이다.

"나이, 성별, 인종─민족, 계급, 거주지를 불문하고 누구나 보건 의료 서비스를 충분하게 받을 수 있을 때"[7] 비로소 건강의 평등이 이뤄진다. 따라서 빈곤과 불평등은 21세기에 공공 보건 의료가 해결해야 할 명백한 과제다.

어쩌다가 이 지경까지 왔나?

한마디로 부익부 빈익빈이다. 신대륙을 발견한 탐험가들이 노략질을 시작한 이래 세계는 부유한 나라 사람들을 위한 글로벌 할인 매장으로 전락했다. 패전국 국민들은 값싼 노동력으로 전락해 고달픈 생활을 하게 되었을 뿐 아니라 문명 자체가 소멸되는 아픔을 겪기도 했다. 그 이후 들어선 식민 정권도 잔인하기는 마찬가지였다. 1890년대 금광 개발로 큰돈을 모은 영국 출신의 남아프리카공화국 정치가 세실 존 로즈Cecil John Rhodes는 아무런 거리낌 없이 이렇게 말했다. "우리는 원료를 쉽게 구하는 동시에 식민지 원주민을 값싼 노예로 부려 먹을 수 있는 새로운 땅을 찾아내야 한다. 또 식민지는 본토의 공장에서 생산한 상품의 잉여분을 한꺼번에 처치할 수 있는 장소(가 될 것이)다."8) 20세기 중반까지도 식민 권력은 식민지 자원을 수탈해 여지없이 고갈시켰다. 또한 식민 권력이 본국에 식량을 공급할 방편으로 식민지 주민의 땅을 빼앗아 대규모 경작지로 전환한 탓에 식민지 주민들이 먹을 식량이 줄어들었다. 식민지 주민들은 죽을 때까지 일해야 했고 쇠약해지거나 병들어 죽어 가면 가차 없이 버려졌다. 한 세기쯤 지난 오늘날에는 '자유 시장'이라는 근사한 말로 포장된 근대적 형태의 식민주의가 등장해 똑같은 일을 벌이고 있는데 그 강도는 훨씬 더하다.

식민지 주민들의 건강이 악화되는 동안 보건 의료 서비스는 소수의 특권층을 위한 고품질의 의료 서비스와 나머지를 위한 삼류 의료 서비스로 양극화되었다. 이렇게 양극화된 보건 의료 서비스는 기본적으로 농촌보다는 도시를, 예방보다는 치료를 중요하게 여겼다.

1948년 제2차 세계대전이 끝나고 이상주의적 분위기가 흘러넘치면서 유엔이 탄생했다. 그러면서 전 세계는 건강이 사회적, 경제적 정의와 떼 놓고 생각할 수 없는 인권이라고 인식하게 된다. "세계인권선언"은 "모든 사람은 먹을거리, 입을 옷, 주택, 의료, 사회 서비스 등을 포함해 본인과 가족의 건강과 행복에 적합한 생활수준을 누릴 권리가 있다"고 명시한다. 1966년 제정된 "경제적, 사회적, 문화적 권리에 관한 국제 규약"과 이후 추가된 내용은 "세계인권선언"의 내용을 더욱 상세히 규정하고 있다. (아래 건강권* 자료 참고) 〈세계보건기구〉는 보건 의료 문제를 전문적으로 다루는 유엔 산하 기구로 출범했다. 보건 의료에 대한 전 세계의 인식 수준을 높이고 건강권이라는 누구도 빼앗을 수 없는 권리를 수호하는 역할을 하는 〈세계보건기구〉는 건강을 단순히 질병이 없는 상태가 아니라 인간이 복리를 누리는 상태라고 정의한다.

▪ 깊이 읽기

건강권

2000년 "경제적, 사회적, 문화적 권리에 관한 국제 규약International Covenant on Economic, Social and Cultural Rights"에 추가된 "일반 논평 14General Comment 14"는 건강권을 "제때 적절한 치료를 받을 권리뿐 아니라 안전한 물을 쉽게 구하고, 적절한 위생 시설이 갖춰져 있으며, 안전한 먹을거리·영양분·주거지가 제대로 공급되고, 건강한 주거 환경이 보장되며, 출산 시 건강을 비롯한 여성의 건강 관련 교육이 이뤄지고 관련 정보가 제공되는 등, 건강을 좌우하는 기본 결정 요인을 제공받을 권리까지 포함하는 포괄적 권리"라고 선언한다.

식민지를 벗어난 나라들은 건강과 사회정의에 저마다 다른 수준의 관심을 보였다. 식민 정권에 뒤이어 자국 출신의 압제자가 권력을 잡은 나라에서는 불평등이 지속되었을 뿐 아니라 오히려 심화되기도 했다. 이런 나라들 대부분은 식민 정권의 보건 의료 모델을 그대로 따랐기 때문에 주로 도시를 중심으로 병원이 지어졌고 병원에 다니려면 많은 비용이 들었으며 "의사는 곧 신"으로 여겨졌다. 한편 보건 의료 체계를 개혁한 나라도 있다. 식민 정권의 압제를 겪으면서 건강 문제가 사회 부정의와 밀접하게 관련되어 있다는 사실을 인식한 모잠비크와 탄자니아 같은 나라는 사람 중심의 보건 의료 모델을 발전시켰다. 1977년 〈모잠비크해방전선〉 정부가 "모든 시민을 위생 담당관으로 만들어 사람들이 자기 건강을 스스로 지키고 스스로를 책임질 수 있도록 조직하겠다"고 선언했듯[9] 이런 나라에서는 사람들의 건강이 해방과 동일한 것으로 받아들여졌다. 널리 알려진 중국의 맨발의 의사 역시 자신이 속한 지역사회에 기본적인 보건 의료 서비스를 제공하도록 훈련받은 마을 주민이었다.

●맨발의 의사— 중국 문화혁명 시기, 모든 사람들에게 기본적인 의료 서비스를 제공하기 위해 시행된 프로그램의 일환으로 정규 코스를 밟지 않고 간단한 교육만을 통해 양산된 의료 인력을 말한다. 주로 소외된 농촌 지역에 기본적인 의료 서비스를 보급하는 데 큰 역할을 했다. 옮긴이

이들이 기울인 노력은 전 세계적 추세에 영향을 주었고, 마침내 1978년 카자흐스탄 알마 아타(지금의 알마티)에서 〈세

계보건기구〉 주최로 일차 보건 의료에 관한 국제회의가 열렸다. 여기서 〈세계보건기구〉의 모든 회원국은 일차 보건 의료 서비스 도입에 동의했다. 일차 보건 의료라는 혁신적인 개념의 중심에는 사회정의가 자리 잡고 있었다. 일차 보건 의료는 기본적인 의료 서비스를 제공하는 것 이상의 의미를 지녔던 것이다. 일차 보건 의료 서비스가 제대로 실현되려면 우선 불평등이 해소되어야 했다. 일차 보건 의료 서비스는 사람들이 생활하는 곳 가까이에서 기본적인 질병 예방과 치료, 재활 서비스를 통합적으로 제공하되, 까다로운 질환이 발견되면 상급 기관에 환자를 의뢰하는 구조로 이뤄져 있다. 결국 교육, 안전한 물과 위생, 식품 안전을 담당하는 건강에 관련된 여러 다른 부문과 긴밀하게 협조해 건강을 좌우하는 사회·경제적 결정 요인을 개선하는 게 일차 보건 의료 서비스의 목표인 셈이다. 지역사회는 그 모든 과정에 적극적으로 동참해야 한다.

알마 아타에 모인 각국 정부 대표자들은 일차 보건 의료를 핵심 전략으로 삼고 "2000년까지 모든 인류에게 건강을" 선사하기로 약속했다. "더 나은 세계"가 손에 잡힐 듯 가까웠던 위대한 낙관의 시대였다.

일차 보건 의료의 몰락

그러나 1980년대 들어 건강권이 조직적으로 침식되면서 의기양양했던 이상주의는 곧 스러지고 말았다. 스리랑카같이 변함없

알마 아타에서 정의된 '일차 보건 의료'

일차 보건 의료는 첫째, 한 국가와 지역사회의 경제적 상태와 사회 문화적, 정치적 특징을 반영하며 그로부터 발전한다. 그리고 사회학, 생의학, 보건 의료 서비스에 대한 타당한 연구 결과와 공중 보건의 경험에 기초하고 있다.

둘째, 일차 보건 의료는 지역사회의 주요 건강 문제를 다루며, 건강 증진, 예방, 치료, 재활 서비스를 제공한다.

셋째, 일차 보건 의료는 최소한 다음을 포함한다.

— 주요한 건강 문제와 이러한 문제를 예방, 관리하는 방법에 대한 교육

— 음식 공급과 적절한 영양의 증진

— 안전한 물과 기본적인 위생 시설의 충분한 공급

— 가족계획을 포함한 모성 보호와 아동 건강 관리

— 주요 감염성 질환에 대한 예방접종

— 지역 유행성 질병에 대한 예방과 관리

— 흔한 질병과 외상에 대한 적절한 치료

— 필수 의약품 제공

넷째, 보건 의료 부문에 더하여, 특히 농업, 축산업, 식품, 산업, 교육, 주택, 공공사업, 통신 등과 같은, 국가와 지역사회 발전에 관련된 모든 부문과 양상을 포함하고, 이 모든 부문의 조화로운 노력이 요구된다.

다섯째, 지역사회, 국가, 혹은 다른 사용 가능한 자원을 최대한 활용하기 위해, 일차 보건 의료의 계획, 조직, 운영, 관리에 있어 지역사회와 개인의 자기 신뢰와 참여가 극대화돼야 한다. 이를 실현하기 위해 적절한 교육을 통해 지역사회의 참여 능력을 발전시킨다.

여섯째, 모든 이들을 위한 포괄적인 보건 의료 서비스를 점진적으로 향상시켜야 하고, 가장 필요한 사람에게 우선순위를 줘야 하며 통합적이고 기능적이며 상호 보완적인 전달 체계에 의해 유지되어야 한다.

일곱째, 지역과 의뢰 수준에서는 필요하다면 전통 의료 시술자를 포함하여 의사, 간호사, 조산사, 의료 보조원 등의 보건 의료 종사자와 사회 사업가에 의존한다. 이들은 보건 의료 조직의 일부로 일하고 지역사회의 보건 의료 요구에 반응하도록 사회적으로나 기술적으로 충분히 훈련되어야 한다. 옮긴이

▶출처─연구 공동체 〈건강과 대안〉 http://www.chsc.or.kr/xe/?document_srl=743

이 일차 보건 의료 서비스를 추진해 나간 나라도 있었지만 대부분의 나라에서 일차 보건 의료 서비스는 정치 수사나 정치 구호로 전락하고 말았다.

일차 보건 의료 서비스가 몰락한 이유 중 하나는 영향력 있는 원조국들이 일차 보건 의료 서비스에 들어가는 비용이 지나치게 많다고 생각했기 때문이다. 영향력 있는 원조국들은 포괄적인 의료 개입 서비스를 축소하자고 제안했고 곧 "선택적 일차 보건 의료"라는 말이 새로운 유행어가 됐다. 비평가들은 이런 세태를 "2000년까지 어떤 이에겐 건강을"이라는 말로 조롱했다.

일차 보건 의료 서비스가 유지되는 곳이라고 해도 포괄적이라기보다 수직적인 형태로 이뤄지는 경우가 많았고, 그런 상태가 오늘날까지 그대로 이어지고 있다. 포괄적이고 통합적인 체계는 병원 한 곳에서 기본적인 의료 서비스를 모두 제공하지만 선택적이고 수직적인 체계는 전문 병원을 중심으로 개별적으로 제공된다. 수직적 체계는 특정 질환에만 초점을 맞추기 때문에 그만큼이나 중요한 다른 의료 서비스를 배제하거나 간과한다. 예방접종이 좋은 사례다. 예방접종이 아이의 건강을 지키는 데 큰 도움이 되는 것은 사실이지만 그렇다고 해서 만병통치약은 아니다. 그러나 문제를 근시안적으로만 보는 수직적 체계에서는 예방접종 이외의 다른 방법을 생각하기 어렵다. 또한 수직적 체계는 보건 의료 체계를 전반적으로 강화하고 건강을 개선시킬 수 있는 더 폭넓은 전략을 무시하기 일쑤다.

정부와 국제 원조 기구가 보건 의료 서비스를 지역사회가 관할

한다는 개념을 지나치게 혁신적이라고 생각해 경계한 탓에 일차 보건 의료가 몰락했다고 생각하는 사람도 있다. 사실 의료 기관 입장에서도 반가운 일은 아니다. 게다가 일차 보건 의료 서비스를 무시한 채 대형 병원과 손잡고 의료 서비스를 제공하는 지역 사회도 나타났다. 한편 일차 보건 의료 서비스가 만성적인 예산 부족에 시달리면서 이용하는 사람들조차 일차 보건 의료 서비스를 수준 낮은 서비스로 인식하게 되었다.[10]

독립을 쟁취한 나라 정부들은 모두 발전에 목을 맸다. 매년 인상적인 성장세를 보인 나라도 많았지만, 부패가 만연하고 국민을 억압하면서 소수 특권층의 주머니를 채우는 데 여념이 없는 나라도 있었다. 후자에 속하는 나라의 경우에는 자국민의 건강 증진을 위한 투자인 일차 보건 의료 서비스에 필요한 기금을 조성하지 못했고 그럴 만한 정치적 의지도 없었다.

일차 보건 의료가 실패하게 된 결정적인 이유는 알마 아타에서 채택된 전략이 현실에서 단 한 번도 제대로 구현되지 못했던 '신 국제경제질서'에 바탕을 두고 탄생한 것이었기 때문이다. '신 국제경제질서'는 군비를 축소하고 남은 자금을 보건 의료 서비스에 투자한다는 계획을 세웠지만 대부분의 나라에서 군비는 오히려 증가했다. 그와 동시에 기하급수적으로 늘어나는 빚, 긴축 재정, 시장 지향적 의료 서비스 개혁을 주도한 거시 경제적 힘이 불평등을 강화하고 공공 부문을 초토화시켰다. 바로 이것이 일차 보건 의료 서비스가 실패한 가장 큰 이유일 것이다.

〈석유수출국기구〉가 원유 가격을 대폭 인상하자 아프리카, 라틴아메리카, 아시아 전역의 경제가 엉망이 되기 시작했다. 넘쳐나는 "오일 달러"는 서구 세계의 상업은행으로 흘러들어 갔고, 오일 달러를 유치한 서구의 상업은행은 석유를 수입해 개발을 진행할 자금에 목마른 남반구에 그 돈을 빌려 주었다. 그런데 석유파동으로 북반구의 경기가 후퇴하자 이자

●**석유수출국기구**(Organization of Petroleum Exporting Countries, OPEC)— 5대 석유 수출국인 이란, 이라크, 사우디아라비아, 쿠웨이트, 베네수엘라가 국제 석유 자본에 대한 발언권을 강화하기 위해 1960년 바그다드에서 결성한 기구다. 주로 원유의 가격과 생산량을 조절하면서 국제시장에 영향력을 행사한다. 중동 산유국을 중심으로 2009년 기준, 12개 산유국이 가입했으며 본부는 오스트리아 빈에 있다. 옮긴이

율이 치솟으면서 달러 가치가 하락하는 일이 벌어졌다. 덕분에 남반구의 빚은 눈덩이처럼 불어나 하늘 높이 치솟았다.

그 빚을 내어 준 기관 중에는 〈세계은행〉도 끼어 있었다. 〈세

▪ 깊이 읽기

〈세계은행〉의 탄생

〈세계은행〉은 〈국제통화기금〉, 〈관세와무역에관한일반협정〉과 함께 브레튼우즈 기구로 불리는 국제기구다. 이 세 기구는 제2차 세계대전이 끝난 뒤 세계 경제를 안정시킬 규범을 마련하기 위해 열린 1944년 브레튼우즈 회의에서 설립되었다. 〈관세와무역에관한일반협정〉은 훗날 〈세계무역기구〉로 전환된다.

계은행〉의 본래 역할은 제2차 세계대전으로 피해를 입은 나라들의 재건을 돕는 것이었는데, 서구 세계가 회복세에 접어들자 새롭게 독립한 나라들에 인프라 구축을 위한 자금을 빌려 주는 것으로 임무가 전환되었다.

빌려 온 자금 대부분은 혐오스러운 결과만 낳았다. 서구 은행들이 국민을 억압하는 부패한 독재자의 손에 돈이 넘어갈 것을 알면서도 자금을 빌려 주었기 때문이다. 널리 알려진 대로 독재자들은 국민의 희생을 바탕으로 천문학적인 부를 축적했다. 필리핀의 독재자 페르디난드 마르코스Ferdinand Marcos는 100억 달러에 가까운 돈을 착복했는데, 그중 일부는 자기가 가진 구두가 "3천켤레가 아니라 고작 1,060켤레밖에 안 된다"고 우긴 그의 부인 이멜다에게로 흘러들어 갔다. 독재 정권에 지원된 자금은 냉전 상황을 유지하는 데도 기여했다. 엄청난 돈이 '개발'이라는 명목으로 남반구 나라들에 흘러들어 갔지만 모두 새빨간 거짓말이었다. 과거 나이지리아를 통치했던 독재자들은 약 4천억 달러를 착복하거나 유용했다. 오늘날 1억 3천만 명에 달하는 나이지리아 시민 중 3분의 2가 극도로 비참한 빈곤 속에 살아가는데, 이들은 독재 정권 치하에서 고통을 받았을 뿐 아니라 이제는 자기가 빌리지도 않은 빚을 갚아야 하는 또 다른 고통에 시달리고 있다. 니카라과가 지고 있는 끔찍한 채무는 니카라과 국내총생산의 다섯 배가 넘는다.

남반구의 민간 투자자들이 세금을 회피할 요량으로 투자 자금을 서구의 은행 계좌로 빼돌리면서 막대한 자금이 해외로 유출되

눈덩이처럼 불어나는 빚

구조 조정 프로그램을 통해 생겨난 빚을 갚는 일은 거의 불가능하다. 가령 나이지리아의 경우 1986년 50억 달러를 빌렸는데 160억 달러를 갚고도 아직 320억 달러가 남았다. 1990년대 말 남반구의 빚은 무려 3조 달러에 달했다.

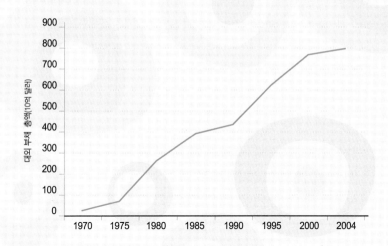

라틴아메리카와 카리브해 주변국의 대외 부채 총액

▶출처—USAID; http://qesdb.usaid.gov/

자 정부는 개발 정책 시행에 어려움을 겪게 되었다. 가령 1976년 에서 1984년 사이 아르헨티나, 브라질, 멕시코, 필리핀, 베네수엘라는 세금 회피로 5백5십억 달러에서 1천3백2십억 달러의 손실을 입었는데, 같은 기간 이 나라들이 진 빚은 총 2천4백3십억 달러에 달했다.[11]

빚의 무게를 이기지 못해 국가 경제가 붕괴하자 이번에는 〈국제통화기금〉이 나서서 채무 협정을 체결하라고 강요했다. 〈국제통화기금〉과 〈세계은행〉은 구조 조정 프로그램으로 알려진 재정긴축 방안을 채택하는 나라들만 골라 자금을 지원했다. 돈을 빌리는 나라는 공기업의 신속한 민영화, 금융시장 규제 철폐를 통한 무역과 투자 개방, 법인세율 인하, 노동 규제 완화, 관세와 수입 한도 같은 무역 장벽을 폐지하는 등의 조치를 수용해야 했다. 기본적인 먹을거리에 대한 보조금 지원도 사라졌고 교육, 보건의료, 주택, 물과 위생같이 기본적인 서비스에 대한 정부 지출도 줄어들었다. 보건 의료 분야의 경우 본인 부담금 제도같이 비용을 회수하는 전략이 도입되었다.

북반구 나라들이 자국 생산자에게 보조금을 계속 지급하는 사이 남반구는 국제 투자자들에게 시장을 개방해야 했고 자국 생산자에 대한 보조금 지급을 중단해야 했다. 경쟁 자체를 불가능하게 만드는 이 불공정한 무역 규범은 오늘날까지 이어지고 있다. 주요 수출 품목의 수출량이 곤두박질쳤고 투자자들은 내수 생산을 포기하고 수출용 작물에 투자했다. 일자리를 잃은 사람들은 말 그대로 굶어 죽었다. 〈유엔식량농업기구〉에 따르면 구조 조정 프로그램이 한창 기승을 부리던 1992년에서 2000년 사이 굶주리는 사람의 수가 6천만 명까지 치솟았다.

국가의 축소와 시장의 자유를 부르짖는 구조 조정 프로그램의 논리는 공공 기금을 풀고 외국 자본을 끌어들여 빚을 갚고 경제를 성장시킨다는 것이었다. 그 전제는 흔히 비유하듯 "밀물이 모든 배를 들어 올린다"는 것이었다. 즉, 무역이 경제성장을 견인하고 경제성장은 개발로

●유엔식량농업기구(United Nations Food and Agriculture Organization, FAO)─유엔 산하 기구로 인류의 영양 상태 및 생활수준의 향상, 식량의 생산과 분배를 효율적으로 조절하기 위해 설립되었으며 세계 식량 안보와 농촌 개발에 중추적 역할을 담당한다. 1945년 창설되어 전 세계 191개 회원국이 참여하고 있다. 본부는 이탈리아 로마에 있다. 옮긴이

이어질 것이라는 전망, 쌓인 부가 넘쳐흘러 가난한 사람들을 가난에서 구제할 것이라는 전망, 정부의 시장 '개입'은 해외 투자자들의 투자 의욕을 꺾을 뿐 아무런 도움이 되지 않을 것이라는 가정이었다. 그러나 이런 예상과는 다르게 밀물을 타고 올라간 것은 가장 큰 배뿐이었고, 정부 규제가 사라지자 부가 넘쳐흐르기는커녕 오히려 편중된다는 사실이 명백해졌다.

일자리가 사라지고 임금이 곤두박질쳤다. 탄자니아 같은 나라의 경우 실질임금은 1986년 대비 70퍼센트 하락했다.[12] 국민들은 본인 부담금을 통해 보건 의료 서비스 및 다른 공공서비스 비용을 분담해야 했다. 기본적인 보건 의료 서비스를 받을 때조차도 본인 부담금을 내야 했다. 따라서 가난한 사람들은 먹을거리, 학교, 보건 의료 중 하나를 선택해야 하는 기로에 섰다. 구조 조정 프로그램을 수용한 나라의 가난한 사람들은 자포자기의 심정으

로 기르던 가축을 팔고 가진 재산을 모두 처분해 보건 의료 비용을 감당했다. 아이들은 학교를 그만두어야 했고 사회의 모든 부문에서 불평등이 증가했다. 4장에서 보게 되겠지만, 유독 여성이 큰 타격을 받았다. 보건 의료 서비스 이용률이 하락한 결과가 얼마나 파괴적이었던지, 2001년 우간다의 요웨리 무세베니Yoweri Museveni 대통령이 본인 부담금을 없애자 진료소를 찾는 환자 수가 적게는 50퍼센트에서 많게는 100퍼센트까지 치솟았다.

보건 의료 예산을 삭감하자 서비스의 질이 떨어지고 시설이 노후화되었으며 의약품의 원활한 조달 및 보급이 어려워졌다. 의약품이나 반창고만 부족한 것이 아니라 인력도 부족했다. 임금이 삭감되자 공공 부문에 있던 숙련된 의료 인력이 속속 해외로 빠져나갔고 남은 인력도 도덕적으로 해이해지거나 부패의 유혹에 쉽게 넘어가게 되었으며 환자를 함부로 대했다.

빚은 이자에 이자가 쌓이면서 기하급수적으로 늘어났다. 1980년대 말이 되도록 빈곤은 나아질 기미 없이 더 악화되기만 했다.

• GOBI-FFF—성장 관찰Growth monitoring, 설사병에 활용되는 경구재수화Oral rehydration therapy for diarrhea, 모유 수유Breastfeeding, 예방접종 Immunization, 식량 원조Food supplements, 여성 교육Female education, 가족계획Family planning의 머리글자를 딴 말이다.

보건 의료 체계가 붕괴되었고 구조 조정 프로그램이 추진한 개혁은 사회 서비스와 사회적 안전망을 파괴해 나갔다.

결국 건강을 유지하기 위해 막대한 비용이 들어가게 됐다. 유아사망률이 증가하자 〈유엔아동기금〉은 〈세계보건기구〉의 후원을 받아 GOBI-FFF라 불린 선택적 일차 보건 의료 프로그램을 도입했다. 아

만일 빈곤이 사라진다면

1980년대를 거치면서 미국에서 가장 부유한 1퍼센트에 속한 사람들이 가진 부가 미국의 전체 부에서 차지하는 비중이 31퍼센트에서 37퍼센트로 늘어났다. 한편, 1991년 25세에서 74세 사이의 사망자 중 5분의 1이 빈곤 때문에 목숨을 잃었다.

▶ 빈곤이 건강에 미치는 영향

하버드 대학교에서 수행한 '공공 보건 의료의 지리적 차이 규명 사업'은 빈곤한 주민이 전체의 5퍼센트도 채 되지 않는 지역에 사는 사람들이 감수하는 위험 수준을 세계의 모든 사람들에게로 확대 적용할 때, 사회문제가 발생하는 빈도가 어떻게 달라지는지 계산했다.

일어나지 않게 될 사회문제 비율

퍼센트

살인, 형사 사건	72.9
매독	72.7
임질	71.0
상해	70.4
아동 납중독	69.8
결핵	56.5
클라미디아 감염	55.5
에이즈 감염에 따른 사망	54.4
출생 시 저체중(2.5킬로그램 미만)	24.2
조기 사망(65세 이하 사망)	22.5

▶ 출처—*Harvard Public Health Review* Spring 2005. www.hsph.harvard.edu/review/rvw_summerfall06/rvwsf06_berman.html

동이 받을 수 있는 보건 의료 서비스 혜택을 극대화한다는 목표를 표방한 GOBI-FFF 프로그램이 도입되자 국제 보건 의료 분야에서는 선택적이고 수직적인 보건 의료 서비스의 가치를 둘러싼 신랄한 논쟁이 벌어졌다. 선택적이고 수직적인 보건 의료 서비스를 지지하는 사람들은 일차 보건 의료 서비스를 저버렸다는 비난을 받았다.

〈국제통화기금〉과 〈세계은행〉, 그리고 원조국의 신세를 점점 더 많이 질수록 자기 운명을 스스로 개척해 나갈 각국의 역량은 급속하게 사라져갔다. GOBI-FFF도 이 막강한 원조 세력과 한 통속이었기 때문에 원조를 받는 나라들이 "협상장에 나오지 않는다면" 자금 지원을 보류하는 등의 한계가 있었다.

그 뒤 〈유엔아동기금〉은 조금 더 인간적인 거시 경제적 조치를 제안했다. 이른바 "인간의 얼굴을 한 구조 조정"은 무엇보다 먼저 채무 상환 일정을 재조정할 것과, 구조 조정 프로그램에 사회 안전망 보장을 포함시킬 것을 권고했다. 그중에서도 아동 생존 프로그램이 최우선으로 고려되었다.

1987년 〈유엔아동기금〉은 절충안으로 "바마코 계획Bamako Initiative"을 제시했다. 바마코 계획은 지역사회의 자금 운영 구조를 활성화하는 선택적 일차 보건 의료 서비스 프로그램으로, 아프리카의 많은 나라들이 채택했다. 〈유엔아동기금〉은 그 성공을 자축했지만 사실 출범 당시부터 논란이 분분한 계획이었다. 결과적으로 바마코 계획은 아동의 생존율 향상에 별다른 기여를 하지 못한 채 사실상 폐기되고 말았다.

건강을 사고팔다

1990년대 말 〈세계은행〉, 〈국제통화기금〉, 미국이 워싱턴 합의*를 체결하면서 구조 조정 정책은 물론이고 보건 의료 체계를 시장 지향적으로 개혁하려는 움직임이 거세졌다. 원조국들도 정부가 운영하는 서비스는 방만하고 비효율적이므로 민간 부문에서 서비스를 제공하는 것이 더 낫다는 이유를 내세워 구속받지 않는 시장의 자유를 지지했다.

민영화는 보건 의료 서비스 기관의 소유권을 민간으로 이전하고 관리, 진료, 병원 급식 따위의 보건 의료에 관련된 모든 업무를 외주로 돌리는 등, 다양한 방식으로 이뤄졌다. 민영 건강보험 시장도 호황을 맞았는데 주로 북반구의 다국적기업이 이득을 봤다.

보건 의료 서비스 민영화와 관련해 남아메리카에서 오간 돈만 무려 3백8십억 달러에 달했다.[13]

그러나 마구잡이로 보건 의료 서비스를 민영화하는 것이 반드시 효율적인 것은 아니며 형평에도 어긋난다는 연구 결과가 계속 나왔고 공공 부문의 역할 비중이 높을 때 더 나은 결과가 나온다는 증거도 나타났다.[14] 민영화된 보건 의료 서비스가 돈벌이가 잘되는 부유한 도시에 편중되면서 가난한 사람들은 보건 의료 서비스에서 소외되었다. 민영화가 이뤄지면 소비자 선택권이 늘어난다지만, 공공 부문과 민간 부문이 어지럽게 뒤얽히면서 보건 의료 서비스가 파편화된 까닭에 웬만큼 교육을 받은 사람들조차 어떤 서비스를 받아야 하는지 선택할 수 없게 되었다. 공공 보건 의료 서비스 체계가 무너지면서 민영화된 보건 의료 서비스를 받는 비중이 늘어나고는 있지만, 그 비용이 상당하기 때문에 "소비자 선택권"을 우롱하는 것이나 다름없다. 민영화된 보건 의료 서비스는 공공 보건 의료 서비스를 보완하기는 커녕 오히려 침식한다. 민간 부문은 좀 더 가난한 환자, 좀 더 심한 질환이나 만성질환에 시달리는 환자를 공공 보건 의료 서비스에 떠넘김으로써 공동으로 재원을 마련해 위험을 분담하자는 공공 보건 의료 서비스의 취지를 훼손한다. 게다가 공공 부문에서 일하던 솜씨 좋은 전문 인력마저 빼간다. 한편 의료 서비스를 제공하고 얻은 어마어마한 돈은 투자자와 경영진의 몫으로 돌아간다.[15] 사정이 이런데도 규모가 축소된 국가 대부분은 공공의 건강을 우선시하도록 민간 부문을 규제할 만한 힘이 없다.

〈세계은행〉은 비용 편익 분석을 바탕으로 중저소득 국가를 위한 저렴한 보건 의료 서비스 상품을 개발했다. 이 상품은 '필요'나 '건강권'이 아니라 '가격'을 우선시한다는 점에서 많은 비판을 받았다. 덕분에 보건 의료 체계는 두 갈래로 나뉘었다. 하나는 어떤 보건 의료 서비스를 구매할 것인지 선택할 수 있는 부유층을 위한 체계고 다른 하나는 〈세계은행〉이

● **비용 편익 분석**cost-benefit analysis—고려할 수 있는 모든 비용과 편익을 따져 최적의 대안을 선정하기 위해 동원되는 의사결정 방법이다. 주로 행정관들이 정책을 결정할 때 이용하며, 화폐 단위로 측정 가능한 것들만 분석 대상으로 삼는다. 사업의 투자 여부나 예산을 결정할 때도 유용하게 쓰인다. 옮긴이

제시하는 서비스를 무조건 수용할 수밖에 없는 가난한 사람들을 위한 체계다. 보건 의료 서비스가 아무리 저렴하더라도 백신이나 다른 예방적 조치에 대한 진료비는 어차피 환자 본인의 몫으로 남는다. 그 얼마 안 되는 진료비조차 감당할 수 없는 많은 사람들이 보건 의료 서비스를 받지 못하는 바람에 라틴아메리카에서는 뎅기열이나 티푸스 같은 전염성 질환이 다시 등장하는 끔찍한 결과가 초래되었다. 표면상으로는 본인 부담금 제도가 보건 의료 체계의 재정 마련에 도움을 주어 정부가 서비스 범위를 확대하고 서비스의 질을 높여 형평성을 제고할 수 있을 것처럼 보였지만 사실은 그 반대의 효과가 나타났다.

형평성을 실현하기 위해서 보건 의료 부문을 반드시 개혁해야 했다. 이 목표를 달성하려고 많은 전문가들이 고군분투했는데 그들이 추구한 것은 시장 지향적 보건 의료 서비스와는 달랐다. 그러나 체계는 시장을 중심으로 개혁되었고, 건강권이라는 누구도

빼앗을 수 없는 권리가 열린 시장에서 사고파는 상품으로 전락했다. 바로 이것이 점점 더 민영화되어 가는 오늘날의 세계적 경향이다. 시장을 중심으로 보건 의료 부문을 개혁한 결과, 유럽의 전통적인 복지국가가 어렵사리 획득한 연대의 가치 즉, 지역사회가 위험을 분담하고 보건 의료 서비스를 공적으로 책임지는 가치가 붕괴되었다.[16)]

교육, 수도 공급 같은 그 밖의 필수적인 공공서비스도 초국적 기업의 투자를 받게 되면서 본인 부담금 제도가 광범위하게 정착되었다. 여기서도 민간 부문이 운영하면서 서비스 품질이 대체로 나아졌다는 증거는 없고 오히려 공공 부문의 유용성과 효율성을 입증하는 사례들만 존재한다. 한편 공공 부문과 민간 부문 모두가 부패하고 실패한 증거도 있다.[17)] 초국적 수도 사업자인 〈수에즈Suez〉와 〈비벤디Vivendi〉의 고위 임원은 수도 계약을 따내기 위해 뇌물을 수수했다는 혐의로 프랑스에서 실형을 선고받았다.[18)] 수도 요금을 빠짐없이 징수하기 위해 비용을 미리 지불하지 않으면 사용할 수 없는 선불제 수도 계량기를 설치하는 나라도 생겼다. 영국에서는 건강을 위협한다는 이유로 금지하고 있지만 라틴아메리카, 아시아, 필리핀에서는 선불제 수도 계량기가 보편적으로 쓰인다. 덕분에 최근 남아프리카공화국에서는 콜레라가 발생하기도 했다. 건강에 어떤 문제를 일으키든 요금을 낼 수 없는 사람들은 수돗물을 먹을 수 없다. 앞서 언급한 시민 Y의 사례가 떠오르는 대목이다.

〈세계은행〉도 시장을 중심으로 보건 의료 서비스를 개혁하는 데 많은 투자를 했다. 그런 추세를 반영해 세계 200대 기업의 총 매출액 중 서비스 부문이 차지하는 비중은 1983년 33.8퍼센트에 서 1999년 46.7퍼센트로 올랐다.[19]

구조 조정 프로그램이라는 신화

구조 조정 프로그램은 채무 위기를 악화시켰다. 1990년대 말에 는 부채가 3조 달러에 이르는 등, 채무 규모가 400퍼센트나 늘어 났다. 나이지리아의 경우 1986년 50억 달러를 빌려 160억 달러를 갚았지만 아직도 320억 달러의 빚이 남은 상태다. 취학 연령 아동 두 명 중 한 명이 미취학 상태일 정도로 교육에 대한 투자가 미비 한 아프리카지만, 각국 정부는 채무를 상환하기 위해 보건 의료 부문과 교육 부문에 지출하는 돈의 네 배나 되는 돈을 북반구의 채권자들에게 송금해야 한다.[20]

아르헨티나 경제는 구조 조정 프로그램을 충실히 이행하면서 별다른 문제를 보이지 않다가 2001년 "대규모 사회적 소요가 일 어나고 1천5백50억 규모의 대외 부채에 대한 채무 불이행을 선 언"하면서 와르르 무너졌다.[21]

구조 조정 프로그램이 도입되기 전에 이미 경기 침체가 진행 중이었고 이것이 보건 의료 부문의 구조 조정에 아무런 영향을 미치지 않았다고 할 수는 없다. 그러나 구조 조정 프로그램이 기 승을 부리던 1980년대에 빚이 늘어나면서 유아사망률이 증가하 고[22] 시민의 전반적인 건강이 악화되었다는 것은 명백하다. 가령 잠비아에서는 영양실조로 병원을 찾았다가 사망한 5세 미만 아동의 비율이 1980년에서 1984년 사이 두 배 증가했다.

설사 구조 조정 프로그램이 경제성장을 이끌더라도 부는 소수 특권층에게 집중되었을 뿐 전반적인 사회 발전으로 이어지지는 않았다. 전 세계의 소득 총액이 매년 평균 2.5퍼센트 증가하고 있지만 빈곤한 사람의 수도 매년 1억 명 가까이 증가하고 있다.[23] 1990년대에 접어들면서 불평등은 그 어느 때보다 높은 수준에 이르렀다. 이러한 불평등은 구조 조정 프로그램을 이데올로기적으로 뒷받침하면서 탈규제와 자유 시장경제를 내세운 신자유주의의 득세에 상당 부분 책임이 있다.

자유방임적 경제 개방은 매우 파괴적인 결과를 초래할 수도 있는 규제받지 않는 시장을 탄생시켰다. 〈국제통화기금〉이 과거 소비에트연방의 시장을 급격하게 개방했을 때 소수 특권층은 부를 거머쥐었지만 1천만 명에서 2천만 명에 이르는 사람들은 목숨을 잃었고 과거 소비에트연방에 속했던 거의 모든 나라에서 기대 수명이 가파르게 추락했다.[24]

전 〈세계은행〉 총재이자 노벨 경제학상 수상자인 조셉 스티글리츠는 "〈국제통화기금〉 내부에서는 해당국이 어떤 고통을 당하든 그것은 성공적인 시장경제를 이룩하는 과정에서 감내해야만 하는 고통일 뿐이며 장기적으로 〈국제통화기금〉의 처방은 해당 국가가 겪게 될 고통을 줄여 주는 조치라고 단순하게 생각한다"고 말했다.[25] 유엔은 이런저런 협정을 체결하고 차고 넘치는 약속을 내세웠지만, "2000년까지 모든 인류에게 건강을" 선사하겠다는 꿈은 그냥 꿈으로 남았고 수많은 '고통'도 그대로 남았다.

　7장에서 다루겠지만 최근 유엔은 2015년까지 "새천년개발목표"를 달성하겠다는 약속을 내걸었다. 물론 진전은 있다. 그러나 전 세계적인 차원에서 볼 때 "새천년개발목표"가 정한 대부분의 약속은 지켜지지 못할 것이 불 보듯 뻔하다. 결국에는 결승선을 다시 정할 수밖에 없을 것이다.

　마지막으로 시장의 자유를 추구하는 구조 조정 프로그램은 초국적 투자를 활성화하려는 북반구의 이해를 전 세계에 관철시키려는 노력의 일환이다. 20세기의 마지막 10년은 〈세계무역기구〉가 주도한 세계화의 시대였다. 이 시기에 기업은 전 세계를 무대로 활동하게 되었고, 각국 정부와 국제 금융기관은 기업의 편을 들어 주었다. 다음 장에서는 바로 이 세계화가 보건 의료에 미친 영향에 대해 이야기할 것이다.

2

세계화, 터무니없는
부의 공격

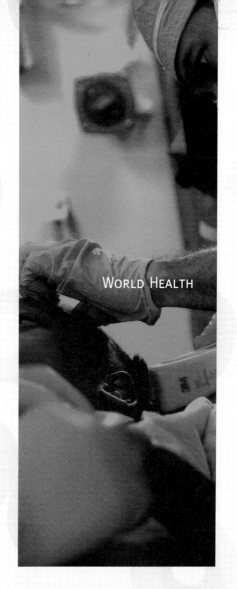

WORLD HEALTH

세계화는 우리 삶을 어떻게 변화시켰나?

고삐 풀린 자본은 노동자나 소비자의 건강을 어떻게

위협하는가?

국제 무역협정은 각국의 보건 의료 정책에 어떤 영향

을 미쳤는가?

세계화, 터무니없는 부의 공격

세계화에 대한 찬반 양론이 분분하지만 불평등이 급격히 증가했다는 사실만큼은 부인할 수 없는 명백한 사실이다. 구조 조정이 이뤄지고 국제 무역협정들이 체결되면서 불평등이 확대되고 있다. 고삐 풀린 시장은 거의 모든 것을 거머쥐었다. 누구나 접근할 수 있었던 공공재가 위험에 처했고 개인의 유전자에도 가격표가 붙었다. 심지어 돈이 없어 의료 서비스를 받지 못해 목숨을 잃기도 한다. 무역협정은 공공 보건 의료 정책을 위태롭게 한다.

"우리는 인간의 신체를 셈에 넣는 사회질서와 경제 질서에서 이윤을 얻고 있다. 따라서 안락함을 누리기 위해 양심을 버렸다는 사실을 잊어서는 안 될 것이다." [1]

―폴 파머Paul Farmer(하버드 의대 의료인류학 교수 겸
〈건강파트너Partners in Health〉 공동 설립자)

세상은 유사 이래 그 어느 때보다 가진 자와 가지지 못한 자로 극명하게 양분되어 있다. 때로 가진 자의 부는 터무니없을 정도로 엄청나다. 대부분의 부는 소수의 손아귀에 들어가 있어서 상

위 10퍼센트의 부자가 전 세계 자산의 85퍼센트를 보유하고 있고 51개 기업과 49개 나라로 구성된 100대 경제 주체가 세계 경제를 마음대로 주무른다. 이렇듯 세계화 시대에는 다국적기업과 그 주주들이 전 세계의 부를 손아귀에 쥐고 있다.

보통 세계화는 "경제, 사회, 기술, 문화, 정치, 생태 영역"이 전 세계적으로 통합된 상태라고들 이야기한다. 가진 자들에게 세계화는 전 세계의 모든 것이 서로 연결되는 체제다. 인터넷을 통해 먼 거리에 있는 사람을 빛의 속도로 만날 수 있고 전 세계의 온갖 것이 뒤섞인 혼종 문화를 누릴 수 있다. 금요일 저녁에는 요하네스버그의 일식당을 찾아 초밥을 먹는가 하면 토요일에는 뒷마당에 모여 조상을 기리기 위해 제물로 쓸 염소를 잡는다.[2] 세계 도처에 큰 도시라면 어디에서든 어김없이 시엔엔 방송을 볼 수 있다. 코카콜라가 뭔지 모르는 사람은 아마 없을 것이며 말보로 맨은 우리 시대에 가장 유명한 아이콘 중 하나다.

세계화는 공공 보건 의료에도 긍정적인 영향을 미친다. 국제 여행이 쉬워지고 인터넷을 사용할 수 있게 되면서 전 세계적 차원에서 정보와 기술을 공유할 수 있게 되었고 이 혁명적인 새바람을 통해 새로운 생각과 기술을 발전시켜 나갈 수 있게 되었다. 인터넷을 활용하면 구글을 통해 필요한 모든 정보를 검색해 단 몇 초 만에 자료를 내려 받을 수 있다. (단, 일부 웹사이트를 차단하는 중국만은 예외다.) 각국은 인터넷을 통해 금연과 관련된 공조 체제를 강화하는 한편 질병의 발병을 포착하는 감시 체계도 보완해 나가고 있다. 인권 운동가들은 하룻밤 사이에 전 세계적인 저항

운동을 조직할 수도 있고 각국의 기술 격차만 좁혀진다면 원격 교육을 통해 새로운 기술을 널리 확산시키는 일도 어렵지 않다. 그러므로 외진 지역에 있는 진료소라도 인터넷을 이용해 전문가에게 생명을 살릴 방법에 대한 조언을 구할 수 있다.

그러나 안타깝게도 세계화에는 어두운 측면이 더 많다. 보건 의료 차원에서 생각해 보면 세계화는 재앙을 전 세계로 확대할 뿐이다. 우선 과거에는 세계의 한 구석에만 머물던 질병이 비행기를 타고 단 몇 시간 만에 전 세계로 퍼질 수 있게 되었다. 흔히 '사스'라고 부르는 중증 급성 호흡기 증후군이나 조류독감을 떠올려 보면 아마 쉽게 이해될 것이다. 해외 여행이 보편화되고 국경을 넘나드는 사람들이 많아진 오늘날에는 에이즈 바이러스가 전 세계로 확산되기도 쉬워졌다.

그러나 세계화가 몰고 온 가장 큰 재앙은 따로 있다. 신자유주의 거시 경제 시스템으로 정의할 수 있는 이 재앙은 이윤을 극대화하려는 주주의 권리를 건강권보다 우선시하는 결과를 낳는다. 이러한 세계화는 자본, 상품, 숙련 노동력, 서비스의 자유로운 이동을 보장하기 위해 각국의 장벽을 허무는 전 지구적 **경제** 통합을 특징으로 한다. 보호주의 정책은 사라져야 하고 탈규제, 최소주의 국가가 게임의 법칙이다. 7장에서 보겠지만, 구조 조정 프로그램을 통해 도입된 세계화는 〈국제통화기금〉과 〈세계은행〉, 그리고 북반구 나라들이 부채 탕감, 개발 자금 지원에 앞서 요구하는 조건이 되면서 더욱 탄력을 받고 있다. 게다가 날로 증가하는 국제 무역협정의 울타리 안에서 안전하게 보호받는다.

세계화를 옹호하는 사람들은 자유 시장이 성장 동력이며 성장의 혜택이 모두에게 골고루 돌아갈 것이라고 주장한다. 그러나 전 세계적 자유 시장경제에 통합된다고 해서 반드시 성장이 보장되는 것은 아니라는 사실은 조금만 살펴봐도 금세 알 수 있다. 경제성장이 나라의 발전과 빈곤 퇴치에 기여할 것이란 보장도 없다. 전 세계적으로 빈곤율은 줄었지만 빈곤한 사람의 수 자체는 줄지 않았다. 1990년에서 1998년 사이 하루 2달러도 안 되는 돈으로 살아가는 사람의 수는 27억 명에서 28억 명으로 급격히 증가해[3] 오늘날 불평등은 사상 최대가 되었다. 전 세계적으로 빈곤율이 감소한 데에는 중국의 역할이 컸고 인도도 어느 정도 기여했다. 그러나 두 나라의 경제가 완전히 자유화되기 이전부터 빈곤율이 감소하고 있었다는 주장이 많다. 한편 자유 시장에는 대가가 따른다. 두 나라에서 증가하고 있는 불평등은 이미 보건 의료 분야에도 충격을 주고 있다. 충분한 경제력과 기반 시설을 갖춘 일부 남반구 나라는 세계화로 이득을 보았을지 모르지만, 대부분의 남반구 나라는 부유한 북반구의 경쟁 상대가 될 수 없다. 경쟁력이 없는 남반구 나라들에게 세계화란 규모만 커진 식민화일 뿐이다. 남반구가 "글로벌 할인 매장"으로 전락하는 현상은 새로운 국면으로 진입했다. 성장이 이뤄진다 해도 보건 의료, 교육, 토지 개혁에 얼마나 많은 투자를 하느냐에 따라 발전의 영향이 사회의 구석구석까지 미칠 것인지 여부가 결정될 것이다.

세계화의 이면에는 사회·경제적 불평등, 식품 안정성 훼손, 환경 파괴, 담배나 가공식품 같은 유해한 제품의 세계적 보급이 도

램프에서 빠져나온 지니

지니계수는 소득 불평등을 가늠하는 척도로 활용된다. 가난한 나라들이 부유한 나라를 따라잡으려고 애쓰고 있지만 부유한 나라와 가난한 나라 사이의 격차나 각 나라 안에서 부유한 사람과 가난한 사람 사이의 격차는 대체로 계속 벌어지는 추세다.

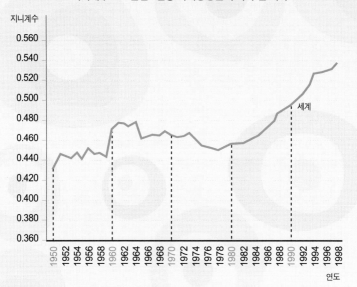

지니계수로 표현된 1인당 국내총생산의 나라 간 격차

▶ 출처—B. Milanovic, *Worlds Apart: Measuring International and Global Inequality* (Princeton UP, 2005)

사리고 있다. 1장에서 설명했듯이 세계화는 보건 의료나 다른 필수적인 서비스를 민영화해서 혼란을 야기하기도 한다.

건강과 발전 지표가 하락한 시기와 세계화가 급속하게 이뤄진 시기는 1980에서 2000년 사이로 거의 일치한다. 세계화가 진행된 지난 20년 동안과 세계화가 이뤄지기 이전인 1960년에서 1980년 사이 각 나라의 발전 지표를 연구한 어느 보고서는 유효한 자료를 확보할 수 있는 나라들의 거의 모든 지표가 세계화 시대에 들어 하락했다고 밝혔다. 1인당 국내총생산도 하락했다. 기대 수명이 늘어나고 유아사망률이 감소했다지만 가장 부유한 20개국에만 해당되는 이야기일 뿐 다른 나라들의 사정은 달랐다. 향상률이 감소하다가 결국 마이너스로 돌아서는 나라도 있었다. 세계에서 가장 가난한 축에 드는 40퍼센트의 나라에서는 교육, 진학, 문맹 퇴치에 쓰이던 공공 지출이 줄어들었다.[4] 자유 시장의 보이지 않는 손이 정말 **모두**에게 긍정적으로 작용한다면 향상률이 유지되지도, 그렇다고 나아지지도 않는 이유는 무엇일까?

무역협정과 게임의 법칙

글로벌 시장에서는 국제 무역협정이 게임의 법칙을 정한다. 국제 무역협정은 〈세계무역기구〉 복도에서 탄생한 개념으로 이런저런 국제회의와 '다자간 무역협상'을 거치며 발전했다. 또한 개별 국가와 개별 지역 사이에서 우후죽순으로 생겨나고 있는 **자유무역협정**을 통해서도 게임의 법칙이 정해진다. 자유무역협정은 〈세계무역기구〉를 바탕으로 이뤄지는 협정보다 더 치명적이다. 동남아시아 국가들의 협의체인 "아세안ASEAN"과 미국, 캐나다, 멕시코 사이에 체결된 "북미자유무역협정NAFTA"이 대표적인 자유무역협정이다. 현재 협상이 진행 중인 "미주자유무역지대FTAA"가 애초의 구상대로 체결된다면 미국을 비롯한 아메리카 대륙의 사실상 모든 나라가 하나의 무역 권역으로 묶일 것이다. ▪ 그러나 "북미자유무역협정"이 보여 주듯, 각 나라의 성장과 발전의 지름길로 여겨지던 협정들은 관련국의 노동자들에게는 재앙일 뿐이다.5)

1장에서 본 것처럼, 1994년 우루과이 라운드 협상의 결과 〈관세와무역에관한일반협정〉이 〈세계무역기구〉로 재탄생했다. 상품만을 다뤘던 〈관세와무역에관한일반협정〉의 포괄 범위를 지적재산권, 기업 투자권, 먹을거리 무역, 농업, 서비스 분야까지 확대한 〈세계무역기구〉는 대중의 건강을 보호하기 위한 규제 조치도 '규제한다.'

150개국이 회원으로 가입해 있지만 사실상 〈세계무역기구〉를 좌우하는 건 부유한 몇몇 나라다. 한편 기업은 막대한 후원금을 정당이나 선거 후보자에게 써서 자국 정부에 압력을 넣어 자신에게 유리한 방향으로 〈세계무역기구〉를 움직인다. 또한 기업은 실질적인 정책 결정이 이뤄지는 〈세계무역기구〉의 다양한 자문 위원회를 지배한다. 기업은 협상 과정에서 자신의 이익을 대변해 줄 사람을 고용하기도 하는데 그들이 쓰는 비용을 정부가 지급하는 경우도 있다. 그 결과 〈세계무역기구〉의 무역협정을 다국적기업의 '권리장전'이라고 비꼬는 사람들도 생겼다.[6] 음악 전문 케이블 방송 엠티비의 설립자 밥 피트먼Bob Pittman은 "열네 살 먹은 애들한테 영향력을 행사하려고 애쓰는 사람이 있을까요? 어차피 우릴 따르게 되어 있는데 말입니다"[7]라고 말했는데 바로 이것이 기업과 정부의 관계다.

▪ 깊이 읽기

아메리카 대륙을 잠식하다

쿠바를 제외한 아메리카 대륙 34개국 정상들이 1994년 12월 마이애미에 모였다. 미국은 원래 2005년 1월까지 FTAA를 체결할 생각이었지만 브라질, 베네수엘라, 아르헨티나 등, 신자유주의에 대한 반감이 큰 나라들 때문에 기일이 자꾸 미뤄져 아직도 협상이 진행 중이다. FTAA의 가장 큰 대항마는 중남미 연합이라는 기치 아래 성립된 남미 공동 시장 메르코수르MERCOSUR이다. 브라질과 아르헨티나가 주도하는 남미 공동 시장은 그러나 우루과이와 파라과이를 비롯한 가입국들이 친미로 돌아서면서 곤란을 겪고 있다. 결국 원래의 구상대로 FTAA가 체결된다면 8억 명의 인구가 관계하는 총 경제 규모 10조 달러의 세계 최대 자유무역 지대가 만들어지게 될 것이다. 옮긴이

협정이라는 용어에는 동등한 당사자끼리 합의를 도출한다는 의미가 담겨 있다. 그러나 많은 나라들은 최종 '협정'이 불공평하다고 불만을 토로한다. 협박에 시달리는 나라도 많다. 2001년 카타르에서 도하 라운드라 불리는 도하 개발 아젠다Doha Development Agenda가 체결되기 전, 미 무역부는 〈세계무역기구〉에서 아이티 대사와 도미니카 공화국 대사를 만나 미 무역부의 제안을 거절하면 원조 프로그램을 중단할 수도 있다고 으름장을 놓았다.[8]

글로벌 협정이든 양자 간, 또는 다자간 협정이든 무역협정의 바탕을 이루는 규칙은 대체로 비슷하다. 일단 협정이 체결되면 참여국은 협정에 얽매인다. 협정을 위반한 나라가 있다면 그 나라를 상대로 소송을 제기할 수 있다. 〈세계무역기구〉의 경우 공개 감사를 전혀 받지 않는 3인 법정이 '비밀리에' 분쟁을 조정한다.

규제에 대한 공포 심리

경기가 치러지는 경기장의 바닥은 고르지 않다. 제소 과정에 들어가는 비용이 막대하기 때문에 대부분의 나라는 소송을 담당할 전문가조차 고용하지 못한다. 게다가 소송에서 패하면 파국적인 결과를 받아들여야 한다. A국이 B국을 상대로 소송을 제기해 승소한다면 B국은 A국이 마음먹은 대로 어떤 무역 거래에서든 징벌적 관세를 부과받는 등의 보복적인 무역 제재 조치를 당할 수 있다.

일부 자유무역협정은 기업이 정부를 상대로 직접 소송을 제기할 수 있도록 하는 규정을 두고 있다. 만일 기업이 승소한다면 기업은 금전적인 보상을 받을 수 있다. 가령 1997년 멕시코의 산 루이스 포토시 주는 유독성 폐기물 처리장을 조성하려는 미국 기업 〈메탈클래드 코포레이션US Metalclad Corporation〉의 계획을 저지하려 했다. 〈메탈클래드〉는 이미 멕시코 당국의 허가를 받았지만 주 정부에도 허가 신청서를 추가로 제출하겠다고 양보했다. 하지만 유독성 폐기물 처리장 조성 사업은 그대로 진행되었고 주 정부는 해당 지역 전체를 생태 보존 구역으로 지정해 사업을 중단시키려 했다. 〈메탈클래드〉는 "북미자유무역협정"을 근거로 산 루이스 포토시 주 정부를 제소해 승소했고 멕시코 정부는 보상금으로 1천7백만 달러를 〈메탈클래드〉에 지급해야 했다.

이런 위험을 무릅쓰지 않으려고 분쟁에 휘말릴 가능성이 있는 일은 미리 피하고 보는 나라들이 많다. 이런 현상을 '규제에 대한 공포 심리'라 부른다.

사람의 건강이나 개발도상국의 경제를 보호하기 위해 면제권, 배제권, 제한 조치, 우선권 같은 조치를 취하기도 하지만 그런 조치들은 어떻게 해석하느냐에 따라 실질적인 시행 내용이 달라진다. 해석의 여지가 너무나 광범위하기 때문에 개발에 정말 필요한 분야에 보호 조치를 적용하기란 하늘의 별따기다. ▪

해악의 세계화

무역 규범에 따라 시장이 활짝 열렸다. 이에 담배, 해로운 먹을거리, 주류를 생산하고 판매하는 다국적기업이 전 세계로 사업 영역을 확대했고, 각국의 규제에 제동이 걸렸으며, 기업의 인수 합병이 활발해졌다. 이런 산업은 심혈관계 질환, 호흡기 질환, 비만 같은 비전염성 질병의 확대에 기여하고 있다. 이런 질병은 세계화를 통해 중저소득 국가에서도 활개 치기 시작한다. 이 내용은 6장에서 자세히 다룰 예정이다.

먹을거리 산업이 세계화되면서 패스트푸드나 가공식품이 전 세계적으로 유통되어 비만이 크게 증가했지만 영양실조도 함께 증가하는 모순적인 현상이 나타났다. 유럽에서는 패션모델들이 거식증에 걸려 영양실조로 사망한다. 한편 〈세계보건기구〉는 5세

▪ 깊이 읽기

격차인가, 무관심인가?

〈세계무역기구〉의 무역협정은 남반구에 협정 준수 시한을 유예하는 개도국 우대 조항Special and Differential Treatment을 인정한다. 전 세계인의 생존이 남반구에서 생산되는 농산물에 직결되어 있기 때문에 많은 사람들은 최소한 개도국 우대 조항이라도 반드시 적용되어야 한다고 주장한다. 개도국 우대 조항에 따르면 개발이나 식량 안전과 관련된 부분에서는 관세를 부과하고 보조금을 유지할 수 있다. 그러나 북반구가 남반구에 양보한 내용의 대부분은 협정 준수 시한을 얼마나 늦출 수 있는가에 관한 것이었다. 부유한 회원국이 남반구의 발전을 위해 "최선을 다해야 한다"는 요구가 쇄도했지만 북반구가 그래야만 하는 의무는 없었고 따라서 북반구 대부분의 나라는 개도국 우대 조항 적용에 최선을 다하지 않았다. 〈세계무역기구〉의 도하 라운드는 개도국 우대 조항을 '의무'로 규정하려고 애썼지만 실패했다.

가 되기 전 사망하는 아동 1천6십만 명 중 53퍼센트는 영양실조로 사망한다고 밝히고 있다. 또한 영양실조에 걸린 아동은 살아남더라도 심한 후유증에 시달릴 가능성이 높다.

영양실조는 자유 시장과 깊은 관계가 있다. 무역협정을 계기로 농사, 종자 공급, 농화학 제품 생산, 식품 가공·유통·소매 등 농업에 관련된 모든 분야에 관여하는 다국적 농기업이 세를 크게 불렸다. 다국적 농기업은 전 세계의 먹을거리 공급망 전체를 통제하면서 지역 농민을 고용해 그들을 변화무쌍한 전 세계 식품 시장에 노출시키거나 아니면 퇴출시켜 버린다. 농민을 고용해 작물을 재배하든 지역 농민을 쫓아내고 직접 작물을 재배하든, 지역에서 재배해 오던 전통적인 작물은 수출 작물로 대체된다.

구조 조정 프로그램과 마찬가지로 〈세계무역기구〉의 농업 협정도 관세를 철폐하고 자국 농민이나 식품 수출업자에게 지급하던 보조금을 폐지하기로 결의했다. 그러나 현재의 농업 협정 조항은 지나치게 불공정하다. 북반구의 경우, 정부가 자국 농민에게 보조금을 지급한 덕분에 값싼 농산물을 생산할 수 있게 되었지만 남반구의 소규모 자영농은 북반구에서 쏟아져 들어오는 값싼 농산물과 경쟁할 수 없기 때문에 세계 농산물 시장에서 경쟁력을 잃었다. 전 세계적으로 30억 명이 하루 2달러에도 못 미치는 돈으로 생계를 꾸리는 형편인데도 유럽 각국의 정부는 암소 한 마리당 하루 2.6달러의 보조금을 자국 농민들에게 지급했다. 반면 남반구는 농업에 대한 보조금 지급을 중단하고, 무역 장벽을 철폐해 자국 시장을 세계에 열어젖혀야 했다. 하지만 남반구 주민 70퍼센트가 농사를 지으며 생계를 이어가는 상황을 고려한다면 특정 국가에 특혜를 주고 우선권을 부여하는 등의 조치가 반드시 필요하다.

다국적기업의 횡포

토착 농민, 그중에서도 여성은 수십 년에 걸쳐 조금씩 종자의 '유전자를 변화시켜' 왔다. 수고롭지만 자연스러운 방식으로 더 많은 수확을 거둘 수 있는 종자를 하나하나 선별해 온 것이다. 농민들의 생계는 이 종자에 달려 있었다. 종자를 심어 작물을 재배하기 때문만이 아니라 종자를 저장했다가 사고팔기도 했기 때문이다.

그러나 지적재산권을 관장하는 〈세계무역기구〉의 협정에 따라 농기업이 식물의 유전자에 대해 특허를 낼 수 있게 되면서 종자 및 유전자 조작된 식품에 대한 수천 건의 특허가 승인되었다. 특허받은 종자나 식품 가운데 상당수가 토착 농민이 개발해 보유하고 있던 것들이었다. 따라서 토착 농민들은 자신이 개발한 종자를 특허를 보유한 농기업에게 돈을 주고 사야만 했다. 게다가 농기업은 씨를 맺지 않는 종자를 개발해 농민들이 철마다 종자를 새로 구입할 수밖에 없게 만들었는데 이는 농민이 입은 상처에 소금을 뿌리는 격이었다. 게다가 농민들은 종자의 생존력을 높이는 데 필수적인 제초제도 함께 구입해야 한다.

먹을거리 산업이 세계화되면서 어린아이의 건강과 영양 상태가 향상되는 긍정적인 효과가 나타난 나라도 있지만, 4장에서 보

죽음을 부르는 영양실조

〈세계보건기구〉는 5세가 되기 전 사망하는 아동 1천6십만 명 중 53퍼센트가 영양실조로 사망한다고 밝혔다. 영양실조에 걸린 아동은 살아남더라도 심한 후유증에 시달릴 가능성이 높다.

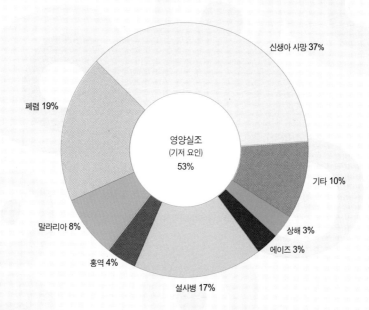

신생아 사망 37%

폐렴 19%

영양실조
(기저 요인)
53%

기타 10%

상해 3%

에이즈 3%

말라리아 8%

홍역 4%

설사병 17%

▶출처─S. Glyod, "Impact of Violence and Social Trauma on Global Rural Health", Rural Wonca Health Conference, Sept 2006; J.Bryce, et al., "WHO Estimates of the Causes of Death in Children", *The Lancet*, 2005 Mar 26-April; 365(9465):1147~1152.

게 될 것처럼 사실 그런 효과조차 가구 소득을 여성이 관리하는 경우에만 나타날 뿐이다.[9] 세계화된 먹을거리 산업은 대체로 먹을거리 안정성을 해치는 데 기여한다. 세계화된 먹을거리 산업이 농업 부문에 관련된 모든 분야를 파탄 내는 바람에 개발도상국은 매년 5백억 달러가 넘는 비용을 부담하게 되었고 자국 발전에 투자할 여력이 그만큼 줄어들게 되었다. 또한 농업 기업은 환경을 파괴하고 집약적인 관개를 통해 물 부족 현상을 악화시킨다.

● 산디니스타Sandinista—니카라과의 반미, 반제국주의 혁명가 아우구스토 산디노Augusto Sandino를 추종하는 세력을 뜻한다. 무장투쟁 단체인〈산디니스타민족해방전선(FSLN)〉은 쿠데타를 통해 집권한 친미주의자 소모사에 반대하는 대표적 좌파 세력으로 등장, 야당과 연합해 독재 투쟁을 지속했고 1979년 혁명정부를 세웠다. 그러나 10년간의 통치 동안 내전과 경기 침체를 겪으면서 민심을 잃고, 1990년에 친미 우파 세력에게 정권을 넘겨 주게 된다. 2006년 혁명정부의 지도부였던 다니엘 오르테가Daniel Ortega가 대통령에 당선되면서 산디니스타는 다시 정권을 잡았다. 옮긴이

이동하는 자본, 손쉬운 착취

자본이 각국을 자유롭게 넘나들 수 있는 자유무역 시장이 열리면서 다국적기업은 별다른 규제를 받지 않고 다른 나라에서 마음껏 영업할 수 있게 되었다. 영업하기 적합한 나라가 있으면 말 그대로 가기만 하면 된다. 따라서 다국적기업은 노동력이 더 저렴하고 더 많은 천연자원을 확보할 수 있으며 투자 대비 이득을 극대화할 수 있는 곳이라면 어디든 간다. 2006년 선거에서 산디니스타가 다시 정권을 잡게 되자 기업들은 니카라과를 떠나기 위해 짐을 쌌다. 〈코카콜라〉홍보 담당자 카렌 산도바는 "어느 나라로 갈지

알아보고 있는 중"이라고 말했다.[10]

다국적기업은 임금과 세금이 더 낮고 환경이나 노동 관련 규제가 소홀한 나라로 영업장을 통째로 옮기는데, **수출 가공 지역**Export Processing Zone이 가장 극단적인 사례일 것이다. 2004년 전 세계 5천여 곳의 수출 가공 지역에서 일하는 노동자는 줄잡아 5천만 명이었다. 수출 가공 지역을 가장 많이 지정한 나라는 중국이지만 필리핀과 인도네시아도 중국 못지 않게 큰 비중을 차지하고 있다. 〈세계무역기구〉는 수출 가공 지역에서만 2천억 달러에서 2천5백억 달러의 무역이 이뤄지는 것으로 추산한다.[11]

●**수출 가공 지역**— 우리나라의 수출 자유 지역과 유사하다. 항구에 주로 위치하고 있으며 수출입품에 관세를 부과하지 않는 지역이다. 외국 투자 기업체는 이 지역에서 원료나 반제품을 들여와 제조나 조립, 가공해 다시 해외로 수출하게 된다. 제품의 구역 외 반출은 금지되어 있다. 중계 무역은 하지 않고 '가공' 수출에 역점을 둔다는 점에서 다른 자유무역 지대와는 성격이 다르다. 옮긴이

노동자들이 강경하게 나올 경우 다국적기업은 어디로든 옮겨 갈 수 있다. 따라서 각국 정부는 노동조합의 힘을 약화시키고 때로는 아예 불법으로 규정하기도 한다. 다국적기업을 국내에 붙들어 두기 위해 머리를 조아리는 나라들은 군대를 동원해 노동자들의 시위를 진압하고 최저임금제를 포기하기도 한다. 미국의 유명 농구 선수 마이클 조던은 나이키 운동화를 신어 주는 대가로 2천만 달러를 받는데, 이는 나이키 운동화를 제조하는 전 세계 노동자들이 받는 임금을 모두 합한 것보다 많다.[12] 실업 상태에 빠진 가난한 구직자들은 건강을 위협하는 열악한 노동조건과 낮은 임금을 받아들일 수밖에 없다. 마치 찰스 디킨스의 소설에나 나올

법한 풍경이다. 기업들은 노동조합이나 다른 감시 기관의 조사조차 받지 않기 때문에 무엇이든 마음대로 할 수 있다. 중국의 수출 가공 지역에서 2003년에만 무려 14만 명의 노동자가 사망했다.[13] 인도네시아와 중국 남부의 노동시간은 일주일에 7일, 하루 12시간에서 16시간 사이를 오간다. 온두라스에서는 감독관이 노동자에게 암페타민을 주사해 48시간이라는 장시간 교대 근무를 하게 만들어 납품 기한을 맞춘다고 한다.[14] 그렇게 일하는 노동자는 주로 여성인데 근로 계약은 28일 단위로 이뤄진다. 임신할 경우 쉽게 해고하기 위해서다.

그러는 사이 노동법이 더 강력하고 노동조합의 영향력도 더 큰 북반구에서는 기업이 작업장을 축소하고 임시직 노동자를 고용한다. 정규직 노동력에 제공해야 하는 값비싼 사회보험료를 지출하지 않으면서 노동조합의 요구에서도 자유로워질 수 있기 때문이다. 이런 임시직 일자리는 주로 여성들로 채워지는데, 따라서 여성들이 또 다시 가장 큰 타격을 받는다. 그 결과 한 나라 안에서도 빈부 격차는 자꾸 벌어진다. 영국에서 유럽연합이 규정한 빈곤선 이하로 살아가는 어린이의 비율은 1990년대를 거치며 3배 늘어나 오늘날에는 어린이 3명 중 한 명이 빈곤선 이하의 생활을 하고 있다.[15]

돈 놓고 돈 먹기, 단기 투기 자금

자본시장이 자유로워지면서 보건 의료 부문도 타격을 받게 되었다. 그 어느 때보다 큰 규모로 흘러 다니게 된 자본은 가속도 까지 붙어 언제 어디로 튈지 모르는 상황이 되었다. 전 세계 통화시장에서는 매일 1조 5천억 달러의 주인이 바뀐다.[16] 환율 변동을 이용해 분 단위로 자본 거래를 해서 이익을 보는 투기꾼들은 통화를 가지고 자유롭게 노름한다. 단 한 번의 마우스 클릭으로 하룻밤 사이에 한 나라에서 수십억 달러가 빠져나가기도 한다. 이런 현상은 1990년대 아시아 호랑이들의 붕괴를 초래했다. 인도네시아에서는 일 년 동안 2천만 명이 넘는 사람들이 일자리를 잃었고 인종 갈등이 격화되었다. 〈유엔아동기금〉에 따르면 진료소 25만 곳이 문을 닫았고 유아사망률이 30퍼센트까지 치솟았다.[17]

국가 주권은 어디로?

무역협정이 공공의 이익을 보호하려는 정부의 규제력을 침해한다는 우려가 늘고 있다. "무역상기술장벽협정(TBT)", "서비스무역에관한일반협정(GATS)", "위생및검역조치(SPS)"에 따르면 각국의 환경 규제 관련법은 무역 제재를 최소화하는 방식으로 이뤄져야 하고 국제 무역에 쓸데없는 걸림돌이 되어서는 안 된다. 이 세 협정은 정부가 제공하는 공공서비스와 환경 보호 규제에 영향을 미칠 뿐 아니라 국내 안전 기준에도 영향을 미쳐 먹을거리, 백신, 의약품, 진단, 혈액 관련 제품 및 의료기기 같은 다른 건강 관련 기술 등의 분야를 취약하게 한다.

"무역상기술장벽협정"은 해외의 유해 산업이 국내로 진출하지 못하도록 금지하려는 정부의 노력이나, 사람은 물론이고 동식물의 건강과 생명 및 그들이 깃들어 사는 환경 전체를 보호하고자 건강 관련 규제를 마련하려는 정부의 노력을 "불공정한 무역 장벽"으로 규정할 수 있다. 그런 규제가 필요하다는 사실과 그런 규제 말고는 무역 규제를 더 최소화할 다른 방안이 없다는 사실을 입증할 책임은 정부가 진다.

　　"무역상기술장벽협정"이나 "서비스무역에관한일반협정" 같은 여러 협정들로 외국 기업의 영업을 방해하는 무역 장벽이 사라졌다. 덕분에 외국 기업은 공공 보건 관련 규제를 받지 않고 담배, 술, 총기류에 대한 판매 전략을 수립하거나 보건 의료 인력을 충원할 수 있다. 외국 기업은 오염 배출 규제나 산업 안전 보건 규제도 적용받지 않는다.

　　무역법 앞에서는 유엔도 꼼짝 못한다. 미국 정부가 분유 시장을 지배하고 있는 다국적기업 〈거버Gerber〉의 압력을 받아 과테말라를 상대로 〈세계무역기구〉에 소송을 제기한 것만 봐도 알 수 있다.

　　"위생및검역조치"는 식품 안전을 보장하기 위한 규제를 통제한다. "위생및검역조치"는 현재 국제적으로 "통용되고 있는" 기준을 활용해 어떤 건강 관련 규제를 허용할지 결정한다. 언뜻 보면 근사한 말처럼 들린다. 다른 나라 땅에 들어가 사업을 하기 전에 먼저 그 사업이 안전하다는 것을 검증하라는 말이기 때문이다. 그러나 "위생및검역조치"의 진짜 목적은 국내 규제가 [식품 안전] 보호를 위해 필요하다 여겨지는 수준을 넘어서까지 무역을 규제하지 못하게 방지하려는 것이다. 그것이 문제다. 〈세계무역기구〉가 잣대로 활용하는 국제 기준은 최고 한도를 정해 두는 경우가 대부분이다. 따라서 기준에 미달하기는 쉽지만 [최고 한도에 가

▪ 깊이 읽기

〈세계보건기구〉를 넘어선 기업

　1988년 과테말라 정부는 〈세계보건기구〉 및 〈유엔아동보호기금〉과 뜻을 같이해 분유 광고 지침을 규정한 법을 통과시켰다. 이 법은 분유가 모유 수유보다 아기의 건강에 더 유익하다는 광고를 금지한다. 그럴 만한 이유가 있다. 매년 수천 명의 아기가 분유를 먹고 설사를 일으켜 사망하기 때문이다. 하지만 분유 회사는 모유를 수유하지 않으면 모유가 말라 버린다는 점을 이용해 산모에게 체험용 분유를 무료로 제공해 아기에게 먹이도록 유도한다. 이는 산모에게 분유를 사도록 강요하는 것이나 다름없다. 분유는 더 오래 유통하거나 보관할 수 있도록 희석되기 때문에 영양적 가치가 떨어진다. 또한 안전한 물을 구하기 어려운 과테말라에서는 분유병을 제대로 소독하지 않는 경우가 많아, 아이들이 쉽게 설사병에 걸리고 결국에는 사망한다. 분유 시장을 장악하고 있는 다국적기업 〈거버〉의 압력을 받은 미국은 1995년 분유 광고를 규제한다는 이유로 과테말라 정부를 〈세계무역기구〉에 제소했다. 〈거버〉는 용기에 인쇄된 통통한 아기 얼굴을 삭제하라는 지침을 무시하고 해당 그림을 계속 사용했으며 "모유가 가장 유익합니다"라는 문구와 다른 음식을 먹일 수 있는 나이가 되기 전에 분유를 먹이면 아기의 건강에 유익하지 않다는 문구를 게시하라는 지침도 무시했다. 그러나 〈세계무역기구〉에 제소된 과테말라 정부는 〈세계무역기구〉의 제재에 굴복해 모든 수입 분유를 과테말라법 적용 대상에서 제외할 수밖에 없었다.

깝게 다가가기 위해] 전력을 다하기란 쉽지 않다.

가령 〈세계무역기구〉는 〈유엔식량농업기구〉와 〈세계보건기구〉가 공동으로 조직한 〈국제식품규격위원회〉가 마련한 먹을거리 관련 국제 기준을 잣대로 삼았다. 〈국제식품규격위원회〉가 마련한 기준을 〈세계무역기구〉가 "위생및검역조치"의 잣대로 채택하자 먹을거리 관련 산업은 〈국제식품규격위원회〉를 잽싸게 장악했고 대부분의 기준들이 의심스럽게 설정됐다. 가령 1999년 〈국제식품규격위원회〉는 잔류 살충제 허용 기준을 마련했지만 미국은 어린이에게 해로운 영향을 미칠 수 있다는 이유로 그 기준을 과일과 채소에는 적용하지 않겠다고 선언했다.[18]

진출국이 안전성을 주장하면, 그에 반대되는 과학적 증거를 제시할 책임은 '사업을 받아들이는' 국가가 진다. (입증하는 과정에서 막대한 비용이 들어가기도 하고 입증 자체가 불가능한 경우도 있다. 안전에 관련된 문제에서는 연구된 측면보다 연구되지 않은 측면이 더 많으므로 절대로 증거를 제출할 수 없다.) 가령 유럽연합은 소에 투여하는 인공 성장 호르몬을 발암성 물질로 규정해 금지했다. 그러나 미국과 캐나다로부터 인공 성장 호르몬을 투여해 기른 쇠고기 수입을 금지하려는 유럽연합의 시도는 〈세계무역기구〉 법정에서 뒤집어졌다. 〈세계무역기구〉 법정은 인공 성장 호르몬을 인정하는 〈국제식품규격위원회〉의 기준을 그 근거로 제시했고 유럽연합은 반박할 증거를 제시하지 못했다.(이 기준을 두고 〈국제식품규격위원회〉 위원들은 찬성파와 반대파로 나뉘었으며 불과 '4표 차이로' 찬성파가 승리를 거둬 기준이 승인되었다.) 〈세계무역기구〉는 유럽연합이 "무역상기술장벽협정"과 "위생및검역조치"를 위반했다고 판단해 미국과 캐나다에게 겨자, 치즈, 돼지고기, 송로 버섯 같은 다양한 유럽연합 농산물에 대해 각각 1억 1천6백만 달러와 1천1백만 캐나다 달러에 해당하는 무역 제재를 가할 권한을 부여했다.

더 안전한 먹을거리를 확보하기 위해 만전을 기하자는 취지의 사전 예방 원칙은 〈세계무역기구〉 법정이 사라지지 않는 한 적용될 수 없다. 모든 반박 증거를 제출하기 전에는 어느 나라도 유전자조작 식품 기업이 자국 내에서 영업하지 못하도록 금지할 수 없다. 담배를 제재하기 시작하던 초창기에도 그랬지만 건강을 해치는 유해성을 입증하는 증거가 아무리 많아진다고 해도 〈세계무역기구〉를 납득시키기에는 여전히 부족할 것이다.

서비스 무역의 습격

"서비스무역에관한일반협정"과 자유무역협정은 서비스의 국가 간 무역을 활성화한다. "서비스무역에관한일반협정"에 따라 각국은 더 많은 서비스 영역을 포괄하는 일련의 협상을 진행해야 한다. 기술적으로 말해 보건 의료 같은 필수적인 서비스는 협상 대상이 아니지만 필수적인 서비스 분야라는 것이 그다지 명확하게 구분되지 않는 것이 현실이다. 고삐 풀린 시장 세력이 서비스를 제공하게 될 경우 서비스에 대한 보편적 접근에 막대한 영향을 미친다. 시장 세력이 보건 의료 서비스를 제공하게 되면서 초래된 결과는 이미 1장에서 설명한 바 있다.

진료소와 병원, 건강보험, 치과 병원, 조산원, 연구소, 노인 병원 등 보건 의료에 관련된 모든 분야의 기업이 해외로 진출할 수 있게 되었다. 시장이 아직 열리지 않은 나라라도 "서비스무역에관한일반협정"에 따라 개방할 서비스를 선정해야 한다. 각국 정부는 필수적인 서비스는 개방하지 않겠다고 했지만 모든 서비스를 무역 대상에 포함시키라는 막대한 압력을 받고 있기 때문에 협정이 이어질수록 개방 영역은 조금씩 넓어질 것이다. 따라서 모든 서비스 시장이 개방되는 것은 시간문제일 뿐이다.

서비스 시장이 이미 국제 경쟁에 휘말린 나라의 경우, "서비스무역에관한일반협정"은 기존에 진행 중이던 민영화를 가속화해 돌이킬 수 없게 만든다. 이런 나라에서는 공공서비스에 면세 혜택을 제공하거나 민영 서비스에 대한 규제를 강화하는 조치, 공공서비스로 되돌아가거나 공공서비스를 확대하는 조치를 취하기 어려워진다. 경쟁을 두둔하는 게임의 법칙은 더 많은 민영화를 불러올 뿐이다.

필수적인 서비스를 저렴하게 제공하려면 해당 서비스 제공자에게 세금을 감면해 줄 필요가 있다. 필수적인 서비스는 보통 상업적 이익을 앞세우지 않을 뿐더러 여러 업체가 경쟁하는 시스템이 아니기 때문이다. 그러나 현실에서는 구조 조정 프로그램과 부채 탕감의 선결 조건 때문에 민간 보건 의료를 도입하지 않은 나라는 찾아보기 힘들다. 공공서비스에 본인 부담금이 도입된 것도 '상업화'의 일환이다. 이런 상황에서 공공서비스에 면세 혜택을 제공하려고 시도한다면 반대에 부딪혀 좌초되고 말 것이다.

〈세계무역기구〉와 담배 규제

〈세계무역기구〉의 각종 협정들은 담배 규제를 무력하게 만들 수 있다.

▶ 서비스무역에관한일반협정General Agreement on Trade in Services: 담배 회사들은 브랜드를 확장해 의류업, 유흥업, 요식업 등 "서비스무역에관한일반협정"이 포괄하는 영역으로 진출한다. 따라서 담배 광고 규제, 담배 판매업 허가제, 음식점 내 흡연 금지같이 각국 정부가 시행하는 규제는 자유무역을 가로막는 장애물로 간주된다.

▶ 무역관련지적재산권협정Trade-Related Aspects of Intellectual Property Rights: 광고를 규제하는 것은 상표권 침해로 간주될 수 있다. 이에 따라 캐나다는 담뱃갑에 특정 회사명을 기입해서는 안 된다는 규정을 포기했다.

▶ 유사 제품 원칙 'like products' principle: 유사 제품은 반드시 동등하게 취급되어야 하고 "최소 무역 규제 원칙"을 따라야 한다. 담뱃갑에 [문구나 사진을 넣어] 유해성을 경고하는 방법이 무역 규제가 덜한 방법이라고 〈세계무역기구〉가 판단하고 나면, 니코틴 함량을 제한하려는 시도나 스스로 꺼지는 담배를 제조하도록 유도해 화재를 예방하려는 시도는 실패할 가능성이 높다.

▶ 국내 대우 원칙The 'national treatment rule': 각국 정부는 외국인 투자자나 외국계 회사를 국내 투자자나 유사한 제품을 제조하는 국내 회사와 동등하게 취급해야 한다. 따라서 국내에서 생산되는 유해성이 적은 제품, 이를테면 인도의 비디* 같은 담배를 보호하기 위해 외국계 회사에 더 많은 세금을 부과하는 것은 문제가 될 수 있다.

▶ 거래처를 바꾸려는 담배 재배 농민에게 지급하는 보조금도 문제가 될 수 있다.

▶출처―N. Collshaw et al, "Trade Agreements and Tobacco Control", CCPA Breifing Paper Series: Trade and Investment, Vol 2 No 7, Oct 2001.

---

* 인도 서민층이 즐기는 담배로, 말린 담뱃잎을 그대로 말아 만든다.

그러므로 구조 조정 프로그램은 "서비스무역에관한일반협정"과 더불어 더 많은 민영화를 이뤄낸 일등 공신이라 할 수 있다.

"서비스무역에관한일반협정" 대상에 보건 의료 서비스를 포함시키고 나면 비용의 지나친 상승을 막기 위해 민간 보건 의료 서비스 사업자 수를 제한할 수도 없고 보건 의료 서비스가 제대로 이뤄지지 않은 지역에 서비스를 강화하기 위한 규제도 시행할 수 없게 된다.

"서비스무역에관한일반협정"에 가입한 나라가 민영화했던 서비스를 다시 공공서비스로 되돌리려 한다면 시장의 영역을 침해하는 행위로 간주되어 제재를 받을 것이다. 이와 유사하게 민간 부문이 서비스를 제공하고 있는 영역으로 공공서비스를 확대하려는 시도도 시장의 영역을 부당하게 침해해 해외 민간 사업자의 몫을 빼앗는 행위로 간주될 것이다. 그런 위험을 무릅쓰고 공공서비스를 확대하려는 나라는 무역 제재 같은 보복 조치를 당하거나 "서비스무역에관한일반협정"이 규정하는 대로 보건 의료 서비스 개방을 철회하는 대가로 다른 영역을 개방하라는 압력을 받을 것이다.

대부분의 양자 간 자유무역협정에서 정한 투자 규칙에 따르면 해외 민간 사업자가 담당하고 있는 영역으로 공공서비스를 확대하는 것은 **몰수 행위**로 간주될 수 있다. 따라서 정부는 영업 기회를 잃어버린 해외 민간 사업자에게 금전적으로 보상해 주어야 한다.

"서비스무역에관한일반협정"은 이미 보건 의료 인력 시장을 개방했다. 이에 따라 남반구에서 숙련된 전문 보건 의료 인력이 빠져나갈 가능성이 높아졌다. 그 결과 보건 의료 서비스 전체의 질이 떨어질 우려가 있다.

서비스는 투자 대비 수익률이 높은 영역이다. 공익 감시 단체 〈퍼블릭시티즌Public Citizen〉에 따르면 전 세계 보건 의료와 교육 시장 규모는 5조 5천억 달러, 상수도 사업의 시장 규모는 연간 8천억 달러에서 1조 달러에 달한다.[19]

보건 의료와 더불어 상수도 사업이 민영화되면서 라틴아메리카, 아프리카, 아시아를 비롯한 세계 곳곳에서 재앙이 일어났다. 상수도 사업을 민영화한 뒤 물 가격이 올라 수만 가구에 달하는 가난한 사람들이 물을 마시지 못해 건강이 심하게 악화됐다. 그럼에도 〈국제통화기금〉과 〈세계은행〉은 여전히 상수도 사업 민영화, 투자금 회수, 상수도에 대한 보조금 지급 중단을 자금 지원의 조건으로 내걸고 있다.[20]

보건 의료나 교육을 포함한 여러 필수적인 서비스를 "서비스무역에관한일반협정" 대상에서 제외한 나라도 있다. 그러나 그런 나라라도 보건 의료 분야에 영향을 미치는 서비스 분야가 협정 대상에 포함되었을 경우 영향을 받지 않을 수 없다. 자료 처리, 청소, 유지 보수, 음식 공급, 연구 조사, 건축, 하수처리같이 보건 의료와 직결되는 서비스 분야가 그렇다. 보험, 금융, 통신, 운송 분야나 전력이나 석유, 가스 같은 에너지 생산 분야도 보건 의료에 영향을 미칠 수 있다.

42개국이 이미 보건 의료 서비스를 "서비스무역에관한일반협정" 대상에 올렸고 건강보험, 치과 병원, 조산원, 보조 의료 인력 분야도 곧 개방할 예정이다. 게다가 아직 개방되지 않은 보건 의료와 교육 분야 영역도 무궁무진하다. 〈세계무역기구〉에서는 "서비스무역에관한일반협정" 협상이 계속 진행되고 있지만, 정부나 시민사회는 그 막대한 영향력을 아직 깨닫지 못하고 있는 실정이다.

지적재산이 뭐길래

"무역관련지적재산권협정"은 보건 의료 분야에 관련된 〈세계무역기구〉의 협정 중에서도 가장 악명이 높은 협정으로, 보건 의료 분야나 과학 연구 분야, 그리고 생명을 살리는 의약품 가격에 미치는 영향이 실로 어마어마하다. 부를 축적할 권리를 최대한 행사하려는 한 줌도 안 되는 주주들이 수백만 명, 아니, 거의 모든 사람의 건강할 권리를 쥐고 흔든다. "무역관련지적재산권협정" 및 그와 관련된 지역 간 협정과 양자 간 협정은 특허 기간을 20년으로 보장해 더 저렴한 복제 의약품이 나오는 걸 막는다. "무역관련지적재산권협정"이 미친 영향에 대해서는 3장에서 자세하게 논의할 것이다.

부가 차고 넘친다고?

세계화가 부를 증가시켜 빈곤을 줄이고 그럼으로써 건강을 증진한다면 세계화의 결과 모두가 부의 혜택을 누려야 마땅하다.

그러나 위에서 언급한 대로 자유방임적 시장경제에서는 그런 일이 절대로 일어나지 않는다. 자유 시장을 대표하는 워렌 버핏조차 미국 텔레비전에 출연해 이렇게 말했다. "시장 체계는 가난한 사람들의 입장을 고려하지 않습니다." 확실히 대기업치고 일자리를 많이 만들어 내는 경우가 없다. 가령 1983년에서 1999년 사이 200대 기업의 고용률은 이윤에 비례해 줄어들었다. 전 세계 경제 활동의 27.5퍼센트를 200대 기업이 책임지고 있지만 전 세계 고용 시장에서 200대 기업의 점유율은 고작 0.78퍼센트밖에 되지 않는다.[21]

기업이 세금을 회피하는 방식도 거의 예술의 경지에 이르렀다. 바하마에서 버뮤다 제도에 이르는 조세 피난처는 투자자들이 자금을 숨기기에 안성맞춤인 곳이다. 조세 피난처로 사라지는 세금은 매년 2천5백50억 달러에 이르는 것으로 추산되는데, 정부가 공공서비스와 사회 발전에 투입할 자금은 그만큼 줄어들게 된다. 경제가 세계화되면서 관세가 철폐되고 기업 경쟁력을 강화하기 위해 세금 감면 제도를 시행하면서 남반구 나라들의 세수입은 이미 크게 줄어든 상태다.[22] 원한다면 언제든, 어디로든 이동하는 투기 자금은 '개발계획'에 묶일 수 없다. 그러면서도 산업 선진국들은 극도의 보호주의 정책을 펴서 자국 경제를 성장시키는 위선적인 행태를 보인다.

　그러므로 고삐 풀린 글로벌 시장은 공공 보건 의료가 추구하는 목표와 양립할 수 없다. 그렇다면 공공 보건 의료의 발전을 보장하는 방향으로 글로벌 시장을 규제할 수는 없을까? 유엔 같은 전 지구적 거버넌스는 대체 무얼하고 있는 것일까?

　유엔이 행동에 나서지 못하고 있다고 지적하는 사람들이 많다. 〈세계보건기구〉가 별다른 영향력을 행사하지 못하고 있는 것도 사실이다. 〈세계보건기구〉는 시장 자유화를 추진하는 주요 세력, 그러니까 〈세계은행〉이나 〈국제통화기금〉, 그리고 두 기구의 부유한 회원국을 제어할 생각도, 능력도 없다.

　2005년, 태국과 볼리비아의 주도 아래 남반구 14개 나라들이 모여 '국제무역과 보건 의료'에 대한 〈세계보건기구〉의 개입 강화를 골자로 하는 결의안 초안을 채택했다. 그 결의안은 〈세계보건기구〉 회원국들에게 무역 협상에 보건 의료 관련 부처 장관들을 참석시키라고 촉구했다. 그러나 오스트레일리아나 북반구의 다른 여러 나라가 결의안의 내용을 희석시켰다. 에콰도르의 한 관계자는 이렇게 말한다. "외교는 매우 민감한 분야입니다. 그러나 자국민들에게는 그 정도로 민감하게 반응할 필요는 없습니다." 결국 〈세계보건기구〉 결의안은 "다시 한 번 더 생각해 볼 문제"로 전락하고 말았다.[23] 그럼에도 무역과 보건 의료 문제는 〈세계보건기구〉가 해결해야 할 중요한 과제다. 〈세계보건기구〉 사무국이 발간한 보고서에 따르면 무역과 보건 의료는 서로 관련되는 사안이며 잠재적 위험과 기회가 동시에 존재하는 영역이다.

그러나 시간이 별로 없다. 〈세계보건기구〉는 이미 보건 의료 분야가 광범위하게 민영화되었다고 인정했다. 전 세계적으로 이런 저런 전염병이 창궐하는 형편이지만 〈세계무역기구〉가 주도하는 국제적 무역협정 때문에 적절하게 대처하는 일이 점점 더 어려워지고 있다. "무역관련지적재산권협정"으로 백신 제조, 진단, 치료 비용을 감당할 수 없는 사람들이 늘어나고 있다. 결국 남반구 사람들뿐 아니라 지구상의 모든 시민들이 위험에 빠질 것이다.

3 특허의 정치

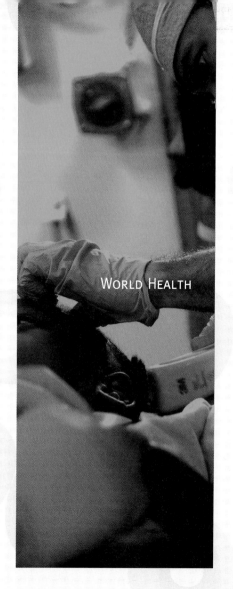

WORLD HEALTH

필수 의약품의 가격은 공정한가?

지적재산권은 보건 의료 서비스의 지형도를 어떻게 변화시키는가?

돈을 좇는 제약 회사와 공익을 우선시하는 보건 의료 정책은 화합할 수 있을까?

특허의 정치

"모든 인류에게 건강을" 선사하기 위해 포괄적인 전략을 짤 때 필요한 구성 요소 가운데 하나가 기술이다. 그러나 과학이 발전한다고 해서 그 이득이 고르게 퍼져 나가는 것은 아니다. 시민사회와 정부 관계자들은 백신, 진단 서비스, 의약품을 누구나 이용할 수 있도록 적정한 가격으로 지속적으로 공급하는 일이 전 세계적인 문제라고 주장한다. 국제 인권법은 보건 의료에 접근할 권리를 보편적 인권에 포함시켰다.

> "내 아이들도 (제약 산업을) 비판하는 사람들 편에 서 있다. 지금은 고등학생이고 곧 대학에 갈 아이들인데, 내 논리는 그 아이들에게 먹히지 않는다. 사실 말하는 나조차 내 말을 완전히 믿지 않는다.[1]
> —맥킨넬 박사Dr. McKinnell(〈파이저Pfizer〉 최고 경영자 겸 회장)

눈을 감고 세상 그 무엇보다 사랑하는 사람의 모습을 그려 보자. 그 사람은 지금 아프다. 치료약이 있지만 당신에게는 그 약을 구입할 돈이 없다. 그러면 당신은 무슨 생각을 할까? 비싼 약값은 제약 회사가 지금까지 들인 연구 개발비를 회수해야 되니까 어쩔 수 없다는 생각이 들까? 아닐 것이다. 사실 제약 회사가 벌어들이는 수익이 바다라고 한다면 연구 개발비는 그중 한 방울 정도에 지나지 않는다. 7천5백만 달러나 되는 연봉과 아직 행사하지 않은 7천6백만 달러어치의 스톡옵션을 집으로 가져가는 제약 회사 최고 경영자가 기자들 앞에 나와서 가난한 사람들을 도울 신약을 개발하려면 약값이 비쌀 수밖에 없다고 발표한다면 수긍하겠는가?(이 액수는 모두 〈브리스톨-마이어스 스퀴브Bristol-Myers Squibb〉 최고 경영자 하임발트 2세C. A. Heimbald, Jr.가 2001년 실제로 받은 경영 보수다.(Families USA, 2001 www.familiesusa.org)) 비싼 약은 부자들에게만 도움이 된다는 것을 당신도 익히 알고 있는데 말이다. 위 제약 회사와 다른 4개 대형 제약 회사가 보유한 자본이 인도의 경제 규모를 뛰어넘고 사하라 이남 아프리카 지역 나라들의 국민총생산 총합의 두 배를 넘는다는 사실 앞에 기분이 좋을 수 있을까?[2] 당연히 "아니다." 사랑하는 사람이 당신의 눈앞에서 참을 수 없는 고통으로 몸부림치는데 약값이 비싸 살릴 수 없다면 무기를 들고 제약 회사의 주주 총회장에 난입하고 싶은 충동이 생기는 것이 정상이다.

비싼 약값은 도덕적 분노를 불러왔고 대중은 빅 파마에 주목했다. 에이즈의 진행을 막아 주는 항레트로 바이러스 제제 덕분에 에이즈는 관리가 가능한 만성질환이 됐지만 비싼 약값 때문에 남반구에서는 쓸모가 없다. 북반구에서는 항레트

•**빅 파마Big Pharma**—세계의 주요 제약 회사들을 뭉뚱그려 '빅 파마'라고 부른다. 특별한 경우가 아니면 '대형 제약 회사들'로 옮겼다. 옮긴이

로 바이러스 약이 필요한 사람 중 75퍼센트가 그 약을 복용하지만 아프리카에서는 약이 필요한 6백만 명 중 11퍼센트만 약을 구하는 형편이다.[3] 덕분에 매년 수백만 명이 에이즈로 사망한다.

세계를 깊숙이 들여다보면 추악하기 그지없다. 품위 있는 사람들이라면 이런 사실 앞에 고개를 들지 못할 것이다. 그리고 땅에 떨어진 인간성을 한탄할 것이다.

주로 에이즈가 많은 주목을 받았지만 남반구와 북반구 양쪽 모두에 영향을 미치는 다른 여러 질병의 경우도 사정은 마찬가지다. 백신이나 치료법이 이미 나와 있지만 금전적인 문제 때문에 세계의 모든 사람이 골고루 치료를 받을 수 없는 것이 현실이다. 폐렴과 B형 간염처럼 전염병을 치료하는 약이든 심장 질환, 고혈압, 당뇨병처럼 비전염병을 치료하는 약이든 차이는 없다. 보험에 들지 못한 가난한 사람들은 '자기 주머니를 털어' 약값을 내야 하기에 더욱 불공정하다.(북반구에 살더라도 의료보험 혜택을 받지 못하는 경우 약값 때문에 생활이 궁핍해지기 일쑤다.) 예방 가능하고 치료 가능한 질병의 경우, 더 많은 사람들이 필수적인 치료제를 구입할 수 있도록 외부에서 개입한다면 2015년까지 매년 1천만 명이 넘는 사람의 목숨을 건질 수 있다는 추정도 있다.

그러나 2000년 개발도상국에 판매된 의약품은 전 세계 의약품 판매량의 10퍼센트에도 못 미쳤다. 라틴아메리카는 그중 6퍼센트, 에이즈 바이러스가 가장 심각하게 퍼지고 있는 사하라 이남 아프리카는 고작 1퍼센트에 불과하다.

알마 아타에서 열린 일차 보건 의료에 관한 국제회의는 필수

너무 비싸 삼키기 무서운 약

지난 30년 동안 제약 산업은 『포춘』이 선정한 500대 기업 중 수익성을 측정하는
3가지 부문에서 줄곧 최상위권을 지켰다.

5대 제약 회사의 자본 규모와 개발도상국의 국민총생산

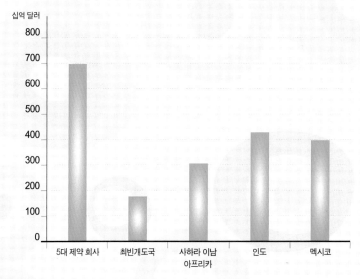

▶출처─ "Patent Injustice: How World Trade Rules Threaten the Health of Poor People", Oxfam, Feb 2001.
www.oxfam.org

의약품의 가격을 누구나 감당할 수 있는 수준으로 낮추는 일을 8
대 핵심 과제 중 하나로 채택했다. 그 뒤 상당한 진전이 있었음에
도 세계 인구의 3분의 1은 여전히 필수 의약품을 구입하지 못한
다. 아시아와 아프리카에서도 가장 가난한 나라들의 경우만 놓고
보면 필수 의약품을 구입할 수 없는 사람의 수는 인구의 절반까
지 치솟는다.[4]

　예산 부족, 인력 부족, 무력화된 보건 의료 체계, 정부의 정치
적 의지 부족, 연구에 대한 국가적 투자와 역량 부족, 의약품 보급
체계 문제, 의약품 공급 과정에 도사리고 있는 부정부패 등도 이
런 결과를 낳는 데 기여했지만 가장 큰 원인을 제공한 것은 대형
제약 회사들이다. 그리고 이 모든 문제의 근원에는 돈이 있다.

　대형 제약 회사들은 엄청난 돈을 벌어
들인다. 〈옥스팜〉에 따르면 2002년 제약
산업은 4천억 달러를 벌어들였다. 미국
10대 제약 회사의 이익은 3백6십억 달러
에 달하며 투자자들은 무려 27.6퍼센트
라는 경이로운 수익률을 거뒀다. 이는
『포춘』이 선정한 500대 기업 평균을 2.5
배 웃도는 수치다.[5]

● 〈옥스팜Oxfam〉─세계적인
빈민 구호 단체로 제2차 세계
대전 당시 영국 옥스퍼드 주민
들이 나치 치하 그리스인들을
구호하기 위해 설립한 것이 시
초가 되었다. 현재는 난민 구
호 활동을 중심으로 무기 확산
과 불공정 무역과 관련된 현안
에 개입하고 있다. 옮긴이

　깜짝 놀랄 만큼 어마어마한 이익을 보호하기 위해 제약 산업은
큰돈을 들여 정부를 상대로 로비를 벌인다. 돈을 받은 정부는 제
약 산업의 요구를 모두 들어줄 수밖에 없다. 〈공공청렴성센터
Center for Public Integrity〉에 따르면 2005년 1월부터 2006년 6월까

지 미국 제약 산업은 연방 정부를 상대로 1억8천2백만 달러의 자금을 썼다. 로비의 영향은 대부분 〈세계무역기구〉 협상장에서 큰 힘을 발휘했다. 〈세계무역기구〉의 "무역관련지적재산권협정"은 의약품 값을 낮추는 데 큰 걸림돌 중 하나다. 1994년 타결된 "무역관련지적재산권협정"에 따라 1995년 이후부터 모든 회원국은 상품의 종류를 막론하고 특허 출원이 가능하도록 관련법을 개정해야 한다. 특허는 지적재산권을 보호하는 수단이고 연구 개발을 통한 혁신을 유도하는 유인책이다. 특허는 최소 20년간 유지되며, 그동안에는 해당 의약품의 복제품을 생산하거나 수입할 수 없다. 경쟁자가 없으니 특허 제품의 가격은 하늘 높은 줄 모르고 치솟는다. 모든 회원국은 2005년까지 "무역관련지적재산권협정"에 따라 국내법 개정을 마쳐야 한다. 30개 최빈개도국의 경우에는 2016년까지 유예기간을 두었다.

해당국에서 특허법이 시행되기 전에 개발된 복제 의약품에 대해서는 대형 제약 회사도 사용을 금지할 수 없지만 특허법이 시행된 뒤 새로 개발된 의약품은 특허권을 보호받는다. 특허로 인해 에이즈 바이러스, 결핵, 말라리아 같은 질병을 치료하는 데 큰 차질이 빚어진다. 병원균은 약에 대한 내성을 키운다. 약에 거부반응을 보이는 환자들도 있다. 따라서 특허 출원 전에 개발된 '최전선의' 의약품은 '제2선의' 의약품으로 교체될 필요가 있다. 에이즈의 경우 시간이 지날수록 약에 대한 내성이 커지기 때문에 이미 '제3선의' 의약품이 필요한 실정이다. 그러나 2차, 3차 의약품은 특허의 보호를 받게 되므로 그런 의약품이 가장 필요한 나라들로서는 감당할 수 없는 가격이 약품에 붙게 된다.

〈세계보건기구〉는 변종 조류독감이 등장해 인류가 집단 감염에 걸리는 일이 현실화되는 건 단지 가능성에 그치는 게 아니라 시간문제라고 말한다. 이 상황에서 특허권을 20년씩이나 보호한다면 북반구나 남반구 모두에게 위협일 수밖에 없다. '광범위 내성 결핵'도 마찬가지다. '광범위 내성 결핵'은 그간 치료제로 이용해 온 대부분의 항생제에 내성을 가지고 있는 결핵균이 원인이 되어 발병하는 질환으로, 세계 곳곳으로 퍼져나갈 수 있지만 사실상 치료가 불가능해 전 세계적 유행병인 에이즈와 마찬가지로 언제 터질지 모르는 시한 폭탄이다.

그러나 대형 제약 회사는 연구 개발비로 막대한 돈을 투자하기 때문에 특허를 통해 비용을 회수할 수밖에 없다고 주장한다. 만일 특허권을 보호받지 못한다면 남반구에서 주로 이용할 의약품을 아예 개발할 수 없고 지적재산권을 보호받지 못한다면 혁신을 추구할 아무런 이유가 없다는 논리를 편다. 그리고 남반구에만 저렴한 가격에 약을 보급한다면 북반구 소비자들도 남반구가 받는 것과 유사한 혜택을 기대하거나 그들로부터 약을 수입할 우려가 있기 때문에 그럴 수 없다고도 한다.

그러나 이에 맞서는 논리도 있다. 많은 의약품에 투입된 실질적인 연구 개발비는 미국의 〈국립건강연구소National Institutes of Health〉 같은 연구 기관이나 대학 연구소를 통해 지원받은 공공자금이라는 것이다. 게다가 대형 제약 회사가 연구 개발 비용을 많게는 80퍼센트나 부풀렸다는 사실을 입증한 연구도 있다.[6] 또한

대형 제약 회사의 거짓말

제약 회사는 약값을 인하하면 연구 개발비 지출을 줄일 수밖에 없다고 주장한다. 사실 제약 회사는 홍보, 광고, 경영 비용으로 막대한 돈을 지출하지만 막상 연구 개발비 지출은 많지 않다. 비단 연구 개발비가 아니더라도 지출을 줄일 수 있는 항목은 얼마든지 있다.

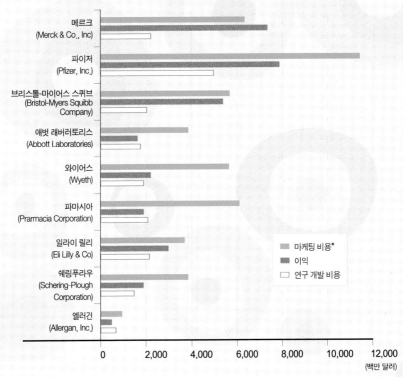

제약 회사의 지출과 이익(2001년)

▶출처—Families USA Foundation, 2002 www.familiesusa.org

* 홍보, 광고, 경영 비용을 포함한 액수

얼마를 투자했든 간에 연구 개발비는 제약 산업이 벌어들이는 이익이나 마케팅 비용, 임원 보수로 지급되는 비용에 비하면 새 발의 피나 다름없다. 마지막으로 북반구의 많은 나라들은 특허권 소유자가 허락하지 않으면 특허받은 의약품 수입을 금지하는 법을 시행 중이기 때문에 북반구가 남반구로부터 저렴한 가격에 특허 약을 수입할지도 모른다는 대형 제약 회사의 논리 역시 사리에 맞지 않는다.

연구 개발을 통해 혁신한 만큼 그에 걸맞은 보상이 주어져야 한다는 것은 옳은 말이다. 그러나 지금과 같은 특허 보상 방식은 근본적으로 불공정하다. 무엇보다 중요한 반박 논리는 도덕이다. 목숨을 구할 수 있는 의약품이 있는데 그 값이 너무 비싸다는 이유 하나만으로 사람이 죽어 가는 세계는 무언가 잘못되어도 크게 잘못됐다.

미국은 "무역관련지적재산권협정"을 가장 열렬히 지지하는 나라 중 하나로, 세계 주요국이 공익에 관계없이 특허권을 유지해야 한다고 주장해 왔다. 그러나 자국민 보호라는 명분 앞에서는 미국도 어쩔 수 없다. 2001년 9.11 사건이 일어난 뒤 미국인들 사이에 탄저병에 대한 공포가 커지자 미국 정부는 아무런 거리낌 없이 독일에 본사를 둔 다국적기업 〈바이어Bayer〉가 보유하고 있는 시프로플록사신에 대한 특허를 침해하겠다고 으름장을 놓았다.

지적재산권과 공익

"무역관련지적재산권협정"은 각국이 자국의 공익을 보호하기 위해 융통성 있게 대처할 여지를 남겨 두었다. 그러나 각 사안을 어떻게 해석할 것인지에 대한 논란은 여전하다. 시민사회로부터 막대한 압력이 쏟아지자 〈세계무역기구〉는 2001년 도하 라운드에서 도출된 '도하 선언'을 통해 각국은 자국민이 감당할 수 있는 적당한 수준에서 의약품 가격을 정하고 자국민의 건강을 보호하기 위한 정책을 시행할 수 있다는 점을 분명히 밝혔다. 그렇게 융통성이 발휘된 결과 병행 수입과 의무 라이선스가 허용되었다. 병행 수입은 적법한 절차를 거쳐 더 저렴한 가격에 의약품을 판매하고 있는 타국으로부터 특허권자의 허가 없이 특허 의약품을 구입하는 방식이다. 의무 라이선스는 특허 기간이 남은 의약품이라도 복제 의약품을 생산할 수 있는 업체에게 라이선스 발급을 허락하고 대신 특허권자에게 합당한 상표권 사용료를 지불하는 방식이다. 의무 라이선스 제도를 통해 복제 의약품을 수입할 수도 있다.

그러나 이런 융통성을 발휘하는 나라는 거의 없다. 의무 라이선스는 발급 절차가 매우 까다로운 데다가 복제 의약품을 생산할 역량이 없는 나라가 많아서 어차피 수입에 의존할 수밖에 없기 때문이다. 그런데도 "무역관련지적재산권협정"은 복제 의약품을 제조하는 나라에 수출할 수 있는 복제 의약품 물량의 상한선을 지키라고 요구한다. 이 같은 난제는 이른바 '6절 문제Paragraph 6 problem'

로 알려져 있다. 결국 여러 차례의 협상 끝에 규제 적용이 한시적으로 유보된 뒤에야 각국은 마음 놓고 복제 의약품을 수출할 수 있게 됐다. 그러나 유보 조항 역시 문제가 많다. 부유한 나라에만 유리한 번잡한 절차들이 곳곳에 숨어 있기 때문이다. 최근 규제 적용을 영구적으로 유보하는 조항이 승인되었지만 지금까지 겨우 5개국만 서명했을 뿐이다. 따라서 회원국 3분의 2가 서명하기 전까지는 한시적 규제 적용 유보 조항이 적용될 것이다.

그럼에도 "무역관련지적재산권협정"으로 막대한 이익을 누리는 대부분의 나라는 각국이 자국민의 건강을 보호하기 위한 융통성 있는 조치를 취하지 못하도록 막대한 압력을 행사해 왔다. 무역 소송이나 분쟁을 감당할 수 없는 나라들은 수출길이 막히거나 원조를 받지 못할까 두려워 뒤로 물러날 수밖에 없었다.

그러는 사이 기업은 다방면에 걸쳐 행패를 부리고 있다. "무역관련지적재산권협정" 위반에 대한 고발 건수가 늘어났고 법적 대응 역시 강화되었다. 스위스 제약 회사 〈노바티스Novartis〉는 인도가 2만 8천 달러짜리 항암제 글리벡˙에 대한 특허를 인정하지 않고 인도 제약 회사에 2천8백 달러짜리 복제 의약품 생산을 허가하자 이 문제에 공식 대응하겠다고 발표했다. 〈노바티스〉는 인도 정부의 결정에 불복하고 위법성 여부를 따지며 인도 특허법 내 "무역관련지적재산권협정" 관련 조항에도 이의를 제기했다.

〈노바티스〉는 인도의 특허법이 1995년 이후 개발된 약에 대한 특허를 인정하고 있고 글리벡은 "혁신적인 신약"이므로 인도 정부가 특허를 인정해야 한다고 주장했다. 그러나 대형 제약 회사가 신약이랍시고 내놓는 약들은 대부분 옛날 약을 조제법만 약간 변경해 제조한 것이다. 신약 같지 않은 이런 신약은 치료적 가치를 더하지 않는다. 이른바 '재탕'이라고 부르는 이런 식의 신약 개발 과정은 사실상 특허 기간을 연장하기 위한 편법에 지나지 않는다. "무역관련지적재산권협정"은 특허 인정 기준과 신약의 기준을 각국이 알아서 정하도록 허용하는데, 인도의 기준에 따르면 글리벡은 '신약'이 아니다. 이 소송에서 〈노바티스〉가 승소한다면 인도의 복제 의약품 수출은 타격을 받게 되고, 글리벡과 유사한 비혁신 의약품의 특허권 행사를 거부하기도 힘들어질 것이다. 남반구에서 사용되는 의약품 절반이 인도에서 생산되는 오늘

▪ 깊이 읽기

한국에서도 글리벡은 너무 비싸

글리벡은 만성골수성백혈병과 위장관기질종양에 뛰어난 효과를 보이는 치료제다. 환자의 기존 생존률을 크게 높이면서 기적의 신약으로 불렸으나, 평생 복용해야 하는 데다가 한 알에 2만5천원 가까이 하는 어마어마한 가격 때문에 지탄을 받아 왔다. 한 달을 복용하는 데 어림잡아 300만원 가까이 드는 셈이다. 한국 정부는 2001년 보험 약가 적용을 두고 〈노바티스〉와 협상했으나 정부가 제시한 1만 8천원의 약가는 받아들여지지 않았다. 〈노바티스〉는 글리벡 공급을 중단하겠다며 맞섰고, 결국 기존 약 값을 고수하되 10퍼센트를 노바티스가 지원하는 쪽으로 결론이 났다. 그러나 지금도 여전히 글리벡의 가격을 두고 환자와 정부, 〈노바티스〉 사이의 갈등이 계속되고 있다. 옮긴이

날의 현실을 감안할 때, 〈노바티스〉의 승소는 재앙을 초래할 것이 불 보듯 뻔하다.

●네비라핀─에이즈에 반응하는 치료제로 부작용으로 발진이나, 간 손상이 발생할 수 있다. 옮긴이

태국에서도 비슷한 일이 벌어지고 있다. 태국은 네비라핀 성분이 몸에 맞지 않는 환자들에게 에파비렌즈 성분이 든 〈메르크〉의 항레트로 바이러스 약물을 사용하고자 했다. 〈메르크〉는 에파비렌즈 성분에 대한 태국 특허를 보유한 회사다. 태국 정부는 "무역관련지적재산권협정"이 허락한 범위 안에서 복제 의약품 생산에 대한 의무 라이선스를 발급하려 했다. 만일 태국이 복제 의약품을 생산하게 되면 에파비렌즈 성분이 든 약의 가격은 절반으로 떨어질 것이다. 그러자 미국 정부는 태국 정부에 압력을 행사해 의무 라이선스 발급을 막았다.

1974년 발효된 "무역법 301조"에 따라 미 무역 대표부는 지적 재산권을 기대한 수준만큼 보호해 주지 않았다고 여겨지는 국가의 명단을 매년 공개하는데, 주로 "무역관련지적재산권협정"의 병행수입이나 의무 라이선스 제도를 활용해 온 나라들이 여기에 포함된다. "무역법 301조"에 따라 무역 제재를 가하겠다는 압력이 어찌나 위협적인지, 각국은 "무역관련지적재산권협정"이 정한 시한보다도 앞서서 특허법을 개정하고 있다.

미국은 심각한 경제 위기가 닥치자 아르헨티나가 "무역관련지적재산권협정"을 이행하지 않았다는 이유를 들어 아르헨티나의 일반 특혜 관세 제도를 절반으로 축소했다. 그러나 아르헨티나는

특허 의약품의 거품

복제 의약품 생산은 제약 회사 간 경쟁을 유도해 약값 인하에 기여한다. 복제 의약품이 도입되자 값이 99퍼센트나 떨어진 항레트로 바이러스 약도 있었다.

특허받은 에이즈 바이러스 치료제와 복제 에이즈 바이러스 치료제 가격

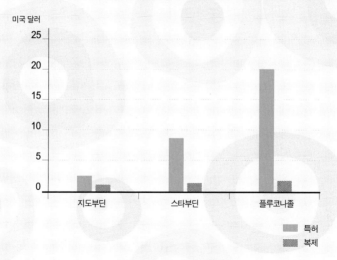

▶출처―C. Pérez-Casas, "Setting Objectives: Is There a Political Will?" *HIV/AIDS Medicines Pricing Report Update*, MSF, Dec 2000.

● 일반 특혜 관세 제도─어느
회원국으로부터 수입하든지
모든 수입품을 동등하게 처리
해야 한다는 〈세계무역기구〉
의 규범에 영향을 받지 않는
공식 제도로, 이 제도에 따라
각국은 저소득 국가에 관세
혜택을 부여할 수 있다.

"무역관련지적재산권협정"이 정한 기한 안에 필요한 조치를 마친 상태였다. 또한 미국은 대형 제약 회사들의 요구 조건을 충족시키지 못했다는 이유로 무역 제재를 가하겠다고 도미니카 공화국을 위협하기도 했다.[7]

"무역관련지적재산권협정"이 융통성을 보이는 바람에 골머리를 앓게 된 미국은 양자 간 자유무역협정이나 지역 간 자유무역협정에 더 까다로운 조건을 집어넣으려고 압력을 행사해 왔다. 이른바 "강화된 무역관련지적재산권협정"으로 불리는 이 협정에 대부분의 나라는 침묵으로 동조했다. 막대한 이권이 걸려 있는 일이니만큼 이런 압력에 저항하기란 쉽지 않다. 〈옥스팜〉에 따르면 미국과 양자 간 무역협정을 맺는 나라는 무려 11조 달러에 달하는 미국 시장에 접근할 수 있게 된다. 이 때문에 많은 나라들은 협력할 만한 가치가 있다고 생각하는 것이다.

제약 회사의 뒷거래

특허받은 의약품만을 취급하도록 강요하는 제약 산업의 비윤리적 영업 행태에도 주목해야 한다. 의사들은 공짜 식사를 대접받거나 국제회의 참석 경비를 지원받는 등, 여러 가지 혜택을 누리면서도 공정성을 잃지 않는다고 주장한다. 그러나 연구 결과는 다르게 나타난다. 일부 의사들은 의식적으로 제약 회사와 결탁했다. 대부분의 의사들은 제약업계 내부자들이 쓴 논문의 저자로 자기 이름을 빌려 주는 데 동의하거나 강연을 다니면서 특정 의약품의 이름을 약속한 횟수만큼 언급해 주는 대가로 돈을 받기도 한다.

학술 연구에 자금을 지원하는 대형 제약 회사 때문에 윤리적 문제는 뒷전이 되었다. 이런 행위를 규제하는 법이 없기 때문에 정부 규제 기관에서조차 제약 회사의 지원을 받아 수행되는 임상 실험이 얼마나 되는지 정확한 정보를 모른다는 점은 큰 문제다.

홀대받는 사람들, 홀대받는 질병

연구 동기를 시장에만 내맡겨 두기 때문에 주로 가난한 나라에서 발생하는 질병 치료제는 개발이 더뎌 특히 많은 문제를 일으킨다. 팔아 봐야 큰돈을 만질 수 없다는 이유로 제약 회사들이 "홀대하는 질병"이 생기는 것이다. 아프리카 수면병, 샤가스 병, 뎅기 열 등이 그 판도라 상자 안에 들어 있다. 에이즈 바이러스, 말라리아, 결핵은 북반구와 남반구에서 모두

●아프리카 수면병─아프리카에서 주로 서식하는 체체파리 같은 흡혈 곤충이 사람이나 동물의 피를 빨아들일 때 기생충(트리파노소마)을 몸속에 옮기면서 감염된다. 치료 시기를 놓쳐 만성화되면 잠에 빠져 영원히 깨어나지 못하기 때문에 수면병이라는 이름이 붙었다. 옮긴이

●샤가스 병─크루스파동편모충에 의해 감염되는 열대 질병으로 1909년 카를로스 샤가스가 발견했다. 주로 라틴아메리카 대륙에서 발생하며 만성화되면 심장병이나 창자 기형이 올 수 있다. 옮긴이

●뎅기 열─뎅기 바이러스에 의해 발병하는 전염병으로 모기가 매개한다. 말라리아와 함께 대표적인 열대병으로 불리며 고열과 발진, 출혈을 동반한다. 옮긴이

발생하지만 주로 남반구에 더 큰 영향을 미친다. 자연히 대형 제약 회사들의 관심으로부터 멀어지기 때문에 이들 역시 "홀대받는 질병"으로 불린다. 이 질병들은 사람들에게 큰 고통을 주고 보건 의료 체계와 경제에도 큰 영향을 미친다. 샤가스 병 하나만으로 매년 80억 달러가 사라지고 있다. 〈세계보건기구〉는 말라리아가 퇴치된다면 아프리카의 국내총생산이 매년 1천억 달러씩 증가할 것으로 추정하기도 했다.[8]

백신, 치료법, 치료제가 이미 존재하는 질병도 있다. 그러나 제약 회사는 돈이 되지 않는다는 이유로 해당 의약품 생산을 중단해 버린다. 아프리카 수면병의 경우를 생각해 보자. 체체파리가 옮기는 이 끔찍한 질병으로 매년 6만 명 넘는 사람들이 사망한다. 아프리카 수면병을 진단하는 데 사용되는 방법은 끔찍하기 짝이 없고 아프리카 오지 같은 곳에서는 그마저도 활용하기 어렵다. 아프리카 수면병의 치료제로 쓰이는 멜라소프롤은 독성이 매우 강하고 플라스틱을 녹일 정도로 부식성도 강해 "부동액에 들어 있는 비소"로 묘사된다. 우간다에서 활동하는 〈국경없는의사회Médecins Sans Frontières〉 소속 의사는 이렇게 말한다. "멜라소프롤은 끔찍한 약입니다. 환자에게 투여하면서도 반신반의합니다. 부식성이 높은 데다가 (…) 환자가 죽을 수도 있거든요."[9] 멜라소프롤을 투여한 환자 스무 명 가운데 한 명이 사망한다. 에플로르니틴은 완벽하지는 않지만 더 안전해 멜라소프롤의 대안으로 제시됐지만 시장에서 퇴출당했다. 북반구에서 단 한차례 사용된 적이 있는데, 그나마도 아프리카 수면병과는 관련 없는 질병에 사용되었다.[10] 더 나은 대안 의약품을 찾아내 봐야 별다른 보상이 따르지 않기 때문이다.

많은 사람들에게 큰 고통을 주는 질병일수록 신기술이 절실하게 필요하다. 그러나 대형 제약 회사는 이익이 나지 않는다는 이유로 이런 질병을 외면한다. 가령 결핵을 퇴치할 기술도 대대적인 개혁이 필요한 상황이다. 현재의 결핵 진단 도구로는 초기 전염을 제대로 막을 수 있을 만큼 정확한 결과를 얻을 수 없다. 또한 현재 결핵에 쓰이는 백신은 딱 하나밖에 없는데 이 백신은 어린이의 결핵 감염을 완벽하게 막을 수 없고 성인에게도 그다지 효과적이지 않다. 약물 치료에 걸리는 기간도 6달에서 9달로 상당히 길다. 치료 기간이 길어지면 결핵에 걸리기 쉬운 가난한 사람들은 더 많은 어려움을 겪을 수밖에 없다. 보건 의료 서비스 비용을 감당할 수 없어서 치료를 받지 못하거나 그 비용을 감당하다가 생계가 곤란해지기 때문이다. 이들 대부분은 주거가 일정하지 않기 때문에 같은 진료소를 정기적으로 찾아 치료받는 일조차 쉽지 않다.

전 세계 인구의 90퍼센트 이상에게 영향을 미치는 질병이지만 그 질병을 연구하는 비용은 전체 연구비의 10퍼센트에도 못 미치는 게 현실이다. 이는 연구 개발 동기를 오직 시장에서만 찾은 결과다. 이를 두고 누군가는 "90 대 10의 격차"라고 한다. 가령 2000년에는 탈모 치료제 7종이 새로 개발됐지만 같은 시기 결핵 치료제는 단 한 종도 개발되지 않았다.

여론이 나빠지자 대형 제약 회사들은 자선 활동을 강화했다. 기존 치료제가 있을 경우, 자선 활동 대부분은 특허 받은 치료제를 일회성으로 기부하는 식으로 진행된다. 그러나 언제 어디서 불쑥 나타날지 알 수 없는 선심성 기부에 의존하는 국가는 장기적인 보건 의료 계획을 수립할 수가 없다. 기존에 생산된 의약품 값을 할인해 주는 경우도 있지만 특정한 나라와 특정한 질병에 한정될 뿐 아니라 설령 그 약이 다른 질병에 효과가 있더라도 반드시 정해진 질병에만 사용해야 한다는 조건이 따라 붙는다. 예를 들어 〈파이저〉는 에이즈 바이러스와 관련된 단 하나의 질환에만 사용하는 조건으로 플루코나졸을 남아프리카공화국에 기부했다가 시민사회의 저항에 부딪혔다. 시민사회의 압력이 거세지자 〈파이저〉는 다른 나라에도 플루코나졸을 기부하는 한편 플루코나졸을 처방할 수 있는 질병도 모든 에이즈 바이러스 관련 질병으로 확대했다.

이렇게 말하면 지나치게 냉소적인 것 아니냐는 반론이 있을 수 있겠지만 사실 의약품 기부나 할인은 제약 회사의 이익이 그만큼 막대하다는 걸 반증한다. 제약 산업이 입버릇처럼 하는 말대로 일단 "잘 벌어야 잘 쓸 수 있기" 때문이다. 또한 후한 인심은 그 자체로 해당 제약 회사를 대대적으로 홍보하는 효과를 낸다. 정부로부터 세금 혜택도 받을 수 있다. 〈국경없는의사회〉는 제약 회사가 원조 프로그램을 통해 의약품을 기부하는 대신 남아프리카공화국에 직접 플루코나졸을 기부해 세금 혜택을 받게 되면 미국의 납세자가 납부하는 세금이 네 배 많아진다고 말한다.[11]

이런 암울한 현실 속에서도 장기적인 계획을 수립해 기부를 실천하는 기업도 있다. 〈메르크〉와 〈글락소스미스클라인GlaxoSmithKline〉은 사상충증과 림프관 사상충증이 어느 정도 진정되거나 퇴치될 때까지 무료 의약품을 제공하기로 했다.

한편 제약 산업은 민관 협력 사업(Public-Private-Initiatives, PPIs)과도 연계되어 있다. 보통 자선 재단, 식품에서 제약에 이르는 산업계 전반, 정부, 유엔 기구, 〈세계은행〉이 참여하는 민관 협력 사업은 '보편적 접근성' 문제를 해결할 대안으로 떠오르고 있다. 민관 협력 사업의 범위는 다양하다. 새로운 연구 활동을 촉진함으로써 '90 대 10의 격차'를 없애는 데 주력하는 사업도 있고 기존의 의약품이나 기술에 대한 접근권을 보장하는 데 주안점을 두는 사업도 있다. 보건 의료라는 지형도에서 논란의 중심에 서 있는 민관 협력 사업은 위험인 동시에 기회다.

민관 협력 사업은 어느 한 부문의 노력으로는 극복할 수 없는 거대한 문제를 해결할 혁신적인 '윈-윈' 전략으로 높이 평가받는다. 실용적 측면에서 대형 제약 회사의 참여를 옹호하는 사람들도 있다. 어느 평론가의 말대로 "놀고 싶다면 공을 가진 그들과 노는 수밖에 없는" 것이다.[12] 분명 목표를 제대로 이행하는 민관 협력 사업도 있다. 집중적인 투자가 이루어진 결과, 수백만 명의 사람들이 면역 주사를 맞고 항레트로 바이러스 약을 투여받았다. 그동안 등한시되어 온 질병에 대한 연구 개발이 이뤄지는 성과도 있었다. 그런 노력의 결과로 말라리아, 설사병, 에이즈 바이러스, 기타 여러 질병에 쓰일 백신이 개발된다면 수백만 명이 혜택을 누리게 될 것이다.

그러나 민관 협력 사업이 '윈-윈' 전략이라는 해석에 강하게 반대하는 사람들도 있다. 이들은 기부자에게 지나치게 의존함으로써 생길 수 있는 부작용이나 외부의 개입으로 각국 정부가 장기적인 정책을 수립하기 어려워지는 문제 등을 우려한다. 돈에 쪼들리는 가난한 나라에 막대한 기부금이 유입되면서 공공 보건 의료 정책 방향이 이리저리 흔들리는 현상이 이미 나타나고 있다. 사업에서 주된 역할을 하는 행위자들의 이해관계가 충돌하면서 책임을 둘러싼 갈등이 빚어질 거라는 걱정도 있고, 전 세계 보건 의료 정책을 결정하는 공적인 자리에 다국적기업이 끼어들 여지를 주어 그렇지 않아도 과도한 영향력을 행사하고 있는 민간 부문이 활개 칠 또 다른 공론장을 열어 준 셈이라는 비판도 있다. 가뜩이나 막강한 회원국들에게 포위되어 공공 보건 의료를 옹호하는 목소리를 제대로 내지 못하는 유엔 기구들이 민간 부문 규제에 더욱 소극적이 될 수밖에 없을 것이라는 우려도 있다.

내실 있는 민관 협력을 위하여

〈유엔국제아동기금〉의 캐럴 벨러미Carol Bellamy 전 의장은 유엔 기구가 민간 기구와 전례없이 많은 협력 사업을 벌이는 현실을 우려한다. "민간 부문이 유엔과 같은 목표를 향해 나아갈 것이라는 가정은 위험한 발상입니다. 민간 기업은 절대 유엔과 같은 목표를 설정할 수 없거든요."[13] 가령 미국 기업 〈벡턴디킨슨 앤드 컴퍼니Becton Dickinson & Co.〉의 의료 체계 사업 부문 사장은 이렇게 말했다. "물론 우리도 신생아 파상풍을 퇴치하고 싶은 마음이 간절합니다. 하지만 그 밖에도 하고 싶은 게 많아요. 재사용이 불가능한 주사기 사용도 권장하고 싶고 경제가 발전하면 우리에게서 다른 제품들을 구매해 갈 가능성이 있는 그런 나라의 보건 의료 관련 부처 장관들과도 좋은 관계를 유지하고 싶거든요."[14]

솔직히 말해 기업에게는 주주들에 대한 책임이 무엇보다 먼저이기 때문에 공익은 그 다음일 수밖에 없다. 따라서 민관 협력 사업에 참여하는 대형 제약 회사는 할인을 해도 비싸긴 마찬가지인 특허 의약품을 사용하는 것이다. 게다가 민관 협력 사업을 통해 기업 이미지도 개선할 수 있다. 의약품을 제공하면서 자신의 이미지를 잘 포장한 대형 제약 회사는 "무역관련지적재산권협정"과 "강화된무역관련지적재산권협정"을 조용히 활성화하면서 다른 잇속을 챙긴다.

특정 질병만을 대상으로 시행되는 민관 협력 사업은 그만큼 중요한 다른 질병을 희생시키는 셈이 되기 때문에 문제가 있다고 말하는 사람이 많다. 또한 민관 협력 사업이 의약품이나 백신 같은 기술적인 해결책에만 지나치게 의존하고 건강 증진 사업이나 질병 예방 사업은 도외시한다는 점도 비판의 대상이 된다. 의약품을 사용해 치료하는 기존의 해결책은 정기적으로 적절한 시기에 약물을 투여해야만 소용이 있지만 이 사실은 무시되기 일쑤다. 1장에서 본 것처럼, 기존의 수직적 보건 의료 체계로는 이런 개입이 국가 차원의 보건 의료 정책과 통합되기 어렵다. 의약품이나 백신 같은 의료 기술을 보급하는 데 반드시 필요한 보건 의료 체계를 강화하거나 사회·경제적 문제를 바로잡는 데 쓰여야 할 자원은 다른 곳으로 빠져나가기 일쑤다.

제대로 된 관리, 책임감, 이해관계 갈등 조정 정책이나 공공 감사 시스템같이 공공의 이익을 보호할 장치가 없다면 민관 협력 사업이 일부 문제를 해결한다고 해도 그 대신 다른 문제를 영구화하거나 악화시키고 말 뿐이다. 그렇기 때문에 민관 협력 사업을 공개적으로 평가하고 논의해 문제를 실질적으로 해결할 수 있는 방법을 찾자는 요청이 쇄도하고 있다.

그 효용성에 의문을 제기하는 사람들도 많지만 '인간 게놈 프로젝트'는 책임성 있게 진행된 협력 사업의 사례로 손꼽히곤 한다. 연구 결과를 공유해 모두에게 이익이 되도록 하자는 핵심 원칙을 바탕으로 진행된 '인간 게놈 프로젝트'는 공익에 기여한다는 원칙을 실현하기 위해 공공자금과 민간자금을 한데 모은 뒤 미국, 영국, 프랑스, 독일, 일본, 그리고 자선 재단이 공동으로 연구를 수행했다.

무엇을 할 것인가?

연구 개발 동기를 시장에 내맡기면 가격 왜곡 현상이 나타난다. 그러므로 보건 의료 서비스를 공정하게 만들려면 연구 개발을 합

복제 의약품으로 성공을 거둔 브라질

〈옥스팜〉에 따르면 브라질이 복제 의약품을 활용해 치료 사업을 시작한 1996년 부터 2002년 사이, 에이즈 관련 질병으로 입원한 환자 35만 8천 명 중 9만 명이 목숨을 건진 것으로 나타났다. 결과적으로 브라질 정부는 20억 달러의 예산을 절약했다.

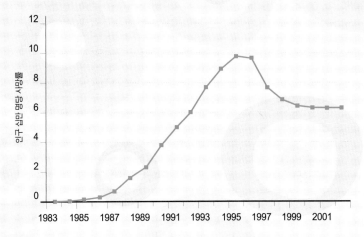

브라질의 에이즈 관련 사망률 추이(1983년~2002년)

▶출처―Ministerio Da Saude, Brazil, *Boletim Epidemiologico AIDS*, ANO XVII n1-1a52, 2003, in "Public Health Innovation and Intellectual Property Rights", Report of the Commission on Intellectual Property Rights, Innovation and Public Health, WHO, April 2006.

리적으로 유인할 동기를 찾아 가격 왜곡이 일어나지 않도록 해야 한다. 특히 지적재산권에 일정한 지분이 있는 다양한 이해관계자가 위험, 비용, 보상을 공유하는 방안을 찾는 것이 중요하다.

남반구 사이에서, 또는 남반구와 북반구 사이에서 그동안 등한시되어 온 질병의 치료법을 연구 개발하기 위한 협력이 이루어지고 있다. 브라질, 이집트, 인도에는 이미 훌륭한 연구 개발 인프라가 구축되어 있다. 쿠바가 뇌수막염 B 백신을 최초로 개발하는 등, 남반구를 중심으로 혁신이 이뤄지고 있지만 더 많은 혁신을 이뤄내기 위해서는 연구 개발 자금이나 전 세계적인 규제 근거를 마련하는 일이 매우 절실하다. 그렇게 되면 윤리적 연구가 보장되고 품질 좋은 의약품 생산에 속도가 붙어 전 세계 사람들이 지금보다 더 수월하게 의약품을 구할 수 있게 될 것이다.

전 세계 차원의 협력 관계를 강화하고 남반구의 연구 기관에 대한 자금 지원을 비롯해 의료 분야의 연구 개발 자금을 안정적으로 확보할 수 있도록 조정하는 업무를 수행할 국제기구가 필요하다는 요청이 쇄도하고 있다. 새로운 의약품에 대한 연구 개발을 활성화할 방법으로는 대량 구매를 위해 국제 기금을 조성하거나 사전 구매 계약을 체결해 시장을 안정시켜 장기간 의약품을 보급하는 전략 등이 포함되어 있다. 기존 의약품 가격을 재협상해야 한다는 주장도 있다. 그 밖에도 특허의 대안으로 컴퓨터 소프트웨어처럼 "원천 기술을 공개"하고 그에 따른 보상 전략을 제시하는 방안을 말하는 사람도 있고 안정적으로 자금을 확보해 제품을 개발하는 비영리 단체를 후원하자는 사람도 있다.

마지막으로 기본적인 의약품과 의료 기술에 관련된 지적재산권은 상업적인 관심사에 따라 움직이는 〈세계무역기구〉나 자유무역협정에 지배되어서는 안 된다. 공공 보건 의료는 기본적인 의약품과 의료 기술에 언제나 우선적으로 접근할 수 있어야 하고, 그 보급 역시 공공 보건 의료 제도를 통해 이뤄져야 한다.[15]

〈세계보건총회〉는 브라질과 케냐를 중심으로 모인 남반구 나라들로부터 압력을 받아 2008년까지 기존 체계를 대체할 대안을 찾아낼 권한을 〈세계보건기구〉에 위임했다. 이어 과학자, 학자, 정부, 시민사회로 구성된 위원회가 "필요에 부응하는" 전 세계적 의료 기술 연구 개발 조약Global Medical R&D Treaty을 안건으로 상정했다. 무엇보다 이 조약은 유연한 사업 모델과 지적재산권 규정을 제시했고 각 나라가 연구 개발에 의무적으로 예산을 투입할 것을 규정했다.[16]

그러나 대안이 강구되고 있다 해도 기존 체계와 관련된 문제를 그냥 내버려 두어서는 안 된다. 지적재산권 기준이 지금처럼 일률적으로 높은 수준으로 적용되어서는 안 되며 "무역관련지적재산권협정"에서 보장하는 융통성을 각 나라가 적극적으로 활용할 수 있게 해야 한다. 〈세계무역기구〉에서 정한 시한에 앞서 새로운 특허법을 제정하도록 각국에 압력을 행사해서도 안 된다. 미국 "무역법 301조" 폐지가 좋은 출발점이 될 것이다. 세분화되고 공평한 가격 체계를 도입하는 것도 좋은 방법이다. 이러한 가격 체계를

〈세계보건기구〉와 연계해 시행함으로써 국제성과 투명성을 보장할 수 있을 것이다. 아마 북반구가 병행 수입으로 더 저렴하게 의약품을 들여오는 것은 모두 반대할 것이다.

보건 의료 관련 부처 장관들이 무역협정에 관여할 수 있다면 무역협정이 공공 보건 의료 문제를 우선시하도록 유도하는 데 큰 힘이 될 것이다. 이들은 "무역관련지적재산권협정"과 자유무역협정이 복제 의약품 공급망을 차단하지 못하도록 모든 노력을 기울여야 할 것이다. 복제 의약품을 생산하는 나라는 "무역관련지적재산권협정"이 보장하는 융통성을 반드시 활용해야만 하는 나라들이다. 그런 나라에 "강화된무역관련지적재산권협정" 관련 입법을 강요해서는 안 된다.[17] 불필요한 요식을 버리고 "무역관련지적재산권협정"이 보장하는 융통성을 하루 빨리 확대 적용해야 한다. 〈옥스팜〉은 특허 보유권자가 직접 자신이 보유한 특허가 공공 보건 의료를 위협하지 않는다는 사실을 입증하게 해야 한다고 제안한다. 유엔 기구들과 북반구는 융통성 있는 조치를 취하는 나라들에 기술적인 지원을 해야 한다. 그 밖에도 특허권 보유 기간을 줄이거나 특허 범위를 제한하자는 제안도 설득력이 있다.

중저소득 국가가 연대해 자유무역협정하의 지적재산권 협정에 저항하려는 움직임이 이미 나타나고 있다. 2006년 5월 열린 〈세계보건총회〉에서 남아메리카 10개국의 보건 의료 관련 부처 장관은 협정에 저항하는 취지의 선언을 하면서 "무역관련지적재산권협정"이 보장하는 융통성을 더 많이 활용하고 "상업적 이익보다 공공의 이익을 우선시하겠다" 고 다짐했다.

　시민사회 단체와 몇몇 나라 정부들이 용기 있게 나서 노력한 덕분에 모든 사람이 합리적인 가격으로 의료 서비스를 이용할 수 있어야 한다는 것이 세계적인 의제로 확고히 자리 잡게 되었다. 물론 반대도 만만치 않다. 그러나 막강한 반대 세력에 맞서 거리에서, 이사회 회의실에서, 법정에서 싸우고 있는 사람들이야말로 영리만 추구하는 지금의 보건 의료 체계를 좀 더 공정하고 공평한 체계로 대체해 나갈 커다란 희망의 원천이다.

4

성차의 정치

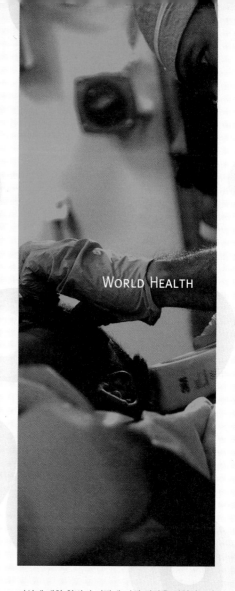

WORLD HEALTH

여성에 대한 차별이 어떻게 여성 건강을 위협하는가?
여성 인권을 향상시키려는 국제적 차원의 노력이 어
떻게 여성의 건강 증진에 기여했으며 그 한계는 무엇
인가?

성차의 정치

고대 그리스에서 히스테리는 자궁 관련 문제로 발병하는 여성의 질병으로 취급되었다. 15세기 영국은 "엄지법"을 제정해 엄지손가락 굵기보다 가는 막대기를 사용할 경우 남편이 아내를 때려도 좋다고 허가했다. 역사상 여성은 늘 지나치게 감정적인 이등 시민으로 묘사되어 왔다. 때문에 여성의 건강과 목숨은 항상 위태로웠다. 이후 여성은 변화를 이뤄 낼 강력한 세력이 되었고 결국 많은 것을 쟁취해냈다. 그러나 세계가 자유로워졌다고 자랑하기에는 아직도 갈 길이 멀다.

"여성이 자유롭지 못하다면 자유로운 나라라고 할 수 없다."

− 올리버 탬보Oliver Tambo

(남아프리카공화국 〈아프리카민족회의African National Congress〉 전 의장)

아프리카에서는 매년 임신한 여성 1만 명이 말라리아로 사망한다는 통계가 있다. 말라리아는 모기에 붙어사는 기생충이 옮기는 병으로, 모기에 단 한 차례만 물려도 바로 감염될 만큼 전염성이 높다. 기생충은 태반에 서식하는 습성이 있어서 임신한 여성은 더 위험하다. 모기는 밤에 더 왕성하게 활동하기 때문에 모기장을 사용하면 말라리아에 감염되거나 유산이나 사산, 저체중아를 출산할 확률이 낮아진다는 연구 결과도 있다. 그러나 가부장제가 공고한 나라에서는 그렇지 않아도 모자란 모기장을 여성이 차지하기란 불가능하다.

이런 통계는 성차gender가 인간의 건강에 미치는 영향을 보여주는 하나의 사례에 지나지 않는다. 성차를 계산에 넣지 않고 수립된 계획은 실패하기 딱 좋다. 성차는 여성과 남성에게 서로 다르게 부여되는 사회적 역할을 표현하는 사회학 용어로 어떤 행동과 어떤 태도가 여성과 남성 각자에게 사회적으로 '적절한지' 규정한다. 성sex은 생물학적, 물리적 특징을 의미한다. 그러므로 성은 가슴이 발달하느냐 음경을 가졌느냐의 문제지만 성차는 여성이 남성보다 소득이 적고, 남성에 비해 더 많은 가사 노동을 하며, 남성은 생명을 구할 수 있는 모기장 속에서 잠들 수 있지만 여성은 그렇지 못한 현실을 표현한다.

성차는 남자다움과도 관련된다. 남성성masculinity이라는 개념 때문에 남자들은 울지도 못한다. 단지 남자라는 이유만으로 많은 여성과 잠자리를 해야 한다는 강박관념에 시달려야 하고 여차하면 폭력적인 싸움도 감수해야 한다. 성차의 구성은 말 그대로 남성이 무자비하게 영향력을 행사할 수 있다는 뜻이며 남성만이 유일하게 모기장 속에서 잘 수 있다는 것을 뜻하기도 한다.

[눈에 보이지는 않지만] 일터에 엄연히 존재하는 유리 천장과 사투를 벌이는 여성들이 있는가 하면 운전할 수 없고, 남편을 선택할 수도 없으며, 어른이 되기 전에 외음부를 도려내야 하고, 남편이

먼저 죽으면 따라 죽어야 하는 여성들도 있다. 비단 에멀린 팽크 허스트가 아니더라도 유리 천장을 비롯한 이런저런 불평등한 환경이 여성의 건강에 긍정적인 영향을 미치지 않을 것이라는 사실쯤은 누구나 쉽게 알아차릴 수 있다. 그러나 가부장제에서 가장 높은 지위를 차지한 남성도 그만 한 대가를 치른다. 남성은 남자다움을 증명하기 위해 흡연을 하고, 거칠게 운전하며, 무분별한 성생활로 건강을 위험에 빠뜨리며, 과음하고, 약물에 쉽게 노출되며, 무기를 더 많이 사용하고, 전쟁에도 더 많이 참여한다. 도움이 필요하다는 것은 나약함의 증거이기 때문에 병원에 가기를 꺼려 건강을 해치는 경우도 많다.

성차에 따른 불평등이 원인이 되어 발생하는 질병은 엄청난 사회적 비용을 유발하는데 그 비용을 합산해 보면 전 세계를 파탄내고도 남을 정도다. 그러나 우리는 그런 계산을 아예 하지 않는다. 그렇기에 성차가 보건 의료 분야에 미치는 영향이 거의 드러나지 않으며 '발전' 계획 안에서도 종종 잊혀지기 일쑤다.

위험에 노출되는 정도에서부터 정보와 서비스에 접근할 때 제한이 따르는 등, 많은 사회 현상에 결부되는 성차는 사실상 하늘 아래 모든 질병과 관련된다. 실명, 결핵, 6장에서 살펴볼 흡연과

에멀린 팽크허스트Emmeline Pankhurst, 1858~1928
영국의 여성 참정권 운동가다. 1903년 팽크허스트는 오직 여성으로만 구성된 〈여성사회정치연맹(Women's Social and Political Union, WSPU)〉을 결성해 호전적인 여성 참정권 운동을 전개했다. 세력이 커지자 영국 정부는 연맹이 제1차 세계대전을 지지한다는 조건하에 전쟁이 끝나면 여성의 참정권을 인정하기로 합의했고, 마침내 1918년 30세 이상의 여성에게 선거권이 주어지게 됐다. 그로부터 10년이 흐른 1928년에는 법이 개정되어 남녀 모두 21세부터 선거권을 가질 수 있게 되었다. 옮긴이

남성의 지배

많은 여성들은 남편의 허락을 받아야 병원에 갈 수 있다. 여자를 격리된 공간에 가두는 나라라면 여성은 집 밖으로 나갈 수도 없다. 나가려면 반드시 남성을 대동해야 한다. 이 때문에 많은 여성들이 신뢰할 만한 의료 기관의 도움을 받기가 어려운데 특히 산부인과 치료가 필요한 여성이 더 많은 어려움을 겪는다.

자신의 건강 문제에 대한 결정권이 남편에게 있다고 응답한 여성의 비율(2000년~2004년)

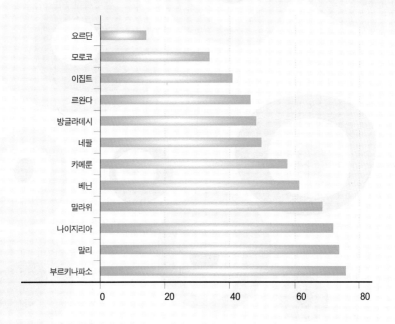

▶출처─www.measureDHS.com

관련된 질병 등, 나열하자면 끝도 없다. 지면에 한계가 있어 하나하나 구체적으로 설명할 수는 없지만, 아래 제시하는 예만으로도 충분히 이해가 될 것이다.

여성이 처한 위험

전 세계 시각장애인의 3분의 2는 여성이다. 여성이 남성보다 조금 더 오래 살기 때문에 노화에 따른 시력 감퇴와 백내장으로 인한 실명의 위험이 더 높은 탓도 있다.(여성의 기대 수명이 남성보다 높게 나타나는 경향이 있지만 질병 때문에 여성의 삶은 남성보다 더 고달프다.) 그러나 '여성이 하는 일'도 여성의 실명 위험을 높이는 데 기여한다. 가령 결막염의 일종인 트라코마로 실명하는 경우는 남성보다 여성이 더 많은데 아이를 양육할 책임을 지고 있는 여성이 아이를 간호하는 과정에서 쉽게 병원균에 감염되기 때문이다.[1] 백내장은 수술로 얼마든지 치료할 수 있는 병이지만 수술을 받지 못해 실명하는 여성도 많다.

전혀 예상치 못한 원인이 여성의 건강을 위협하기도 한다. 가령 축구를 생각해 보자. 2006년 독일 월드컵을 앞두고 축구 열기가 높아지던 시기에 성매매 수요가 높아지자 여성 인신매매도 따라서 증가했다. 성매매 산업은 무기 밀거래와 마약 밀거래 다음으로 급성장하고 있는 범죄로 일 년 매출이 70억 달러에서 95억 달러 규모에 달한다. 성매매 시장으로 유입되는 5세에서 15세 사이의 여자아이는 매년 200만 명에 달한다. 빈곤 때문에 어쩔 수

심각한 여성 실명

많은 나라에서 여성은 남성에 비해 백내장 수술을 덜 받는다. 여러 가지 이유가 있는데, 병원에 통원하는 차비나 입원비를 낼 형편이 못 된다는 이유도 있다. 게다가 자신을 간호할 시간도 부족하다. 한편 여성 문맹률이 높은 나라의 경우 수술을 받아야 하는지에 대한 정보조차 부족한 경우가 다반사다. 〈세계보건기구〉는 성차에 따른 불평등을 개선한다면 백내장 수술을 받지 못해 앞을 못 보게 되는 비율을 12.5퍼센트가량 줄일 수 있다고 한다.

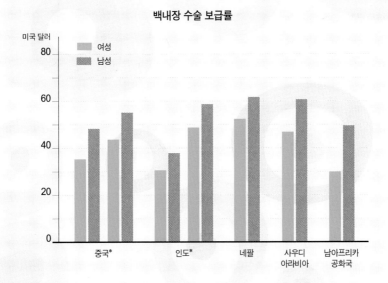

백내장 수술 보급률

▶출처—Lewallen and Courtriight, "Gender and use of cataract surgical services in developing countries", unpublished paper, BC Centre for Epidemiologic & International Ophthalmology, Canada in "Gender and Blindness", WHO Gender and Health, Jan 2002.

* 두 가지 자료 참고

없이 끌려 들어가는 경우가 많지만 직업을 알선해 준다거나 생활이 더 나아질 거라는 말에 속아 성매매 시장으로 빠지는 경우도 있다. 납치당하는 경우도 많고 가난해서, 또 여자아이는 쓸모없다고 생각한 부모가 돈을 받고 팔아 버리는 경우도 있다. 성매매는 근대적 형태의 노예제라 할 수 있다. 성매매 산업에 끌려 들어간 여자아이들은 강간과 폭행에 시달리며 에이즈 바이러스를 비롯해 성관계로 전염되는 질병에 취약하다.

여성이 당하는 폭력은 신체적인 폭력에서 빈곤 같은 구조적 폭력에 이르기까지 다양하다. 강간이 건강에 미치는 일반적인 악영향은 널리 인식되고 있지만 강간이 가정 내에서 일어나는 경우가 많다는 사실은 잘 알려져 있지 않다. 가정 폭력이 발생하면 가정은 여성에게 가장 위험한 장소로 돌변한다. 폭력으로 인한 외상은 물론이고 우울증, 자살, 강제 낙태, 골반염, 불임으로 이어지는 경우도 많다. 임신한 여성이 가정 폭행범과 함께 살 경우 최악의 상황이 벌어진다. 여성의 배를 가격하는 폭행은 유산, 조산, 사산, 산모 사망으로 이어진다.

성차와 에이즈 바이러스

많은 나라에서 성차는 에이즈 바이러스를 확산시키는 핵심 요인으로 작용한다. 여성의 자궁 경부는 외부 물질을 쉽게 수용할 수 있는 형태인 데다가 남성의 정자가 질에 비교적 오래 머물기 때문에 생물학적으로 여성은 남성에 비해 에이즈 바이러스에 감염되기 쉽다. 그러나 여성을 정복의 대상으로 여기고 특권과 통제력을 행사해 여성의 성적 자율성을 침해하는 성차별적 사회구조도 여성을 에이즈 바이러스에 취약하게 만든다. 가부장제하에서 선택권이 없는 여성은 폭력에 노출되기 쉽다. 배우자의 폭력에 시달리는 여성은 그렇지 않은 여성에 비해 에이즈 바이러스에 양성 반응을 보일 가능성이 높다는 연구 결과도 있다.[2] 폭력에 노출된 여성은 원치 않는 성관계를 가질 위험이 더 커서 출혈 가능성이 높아지기 때문에 에이즈 바이러스에 감염될 가능성도 그만큼 커진다. 가부장제하의 여성은 언제, 어떤 방식으로 성관계를 가질 것인지를 통제할 힘이 없다. 밥을 태웠다는 이유로 매 맞는 여성이 배우자에게 외도하지 말라고 요구하거나 콘돔을 사용하라고 요구할 수 있을까? 폭력적인 남성은 문란한 성 생활을 할 가능성이 높고, 배우자에게 폭행당하는 여성은 위험한 성행위를 강요당할 가능성이 높다는 최근의 연구 결과도 있다. 폭행당하는 여성은 알코올중독이나 여러 명의 남성과의 성행위, 성을 제공하는 대신 금전적 대가를 받는 성매매에 빠질 가능성도 높다.[3] 이런 행동은 정신적 고통을 회피하려는 노력이자 일종의 반항이다. 그리고 무엇보다 자존감을 높일 수 있는 자원을 획득하려는 행동이다.[4]

빈곤은 그렇지 않아도 자율성이 부족한 여성의 발목을 잡는다. 당장의 생존을 위한 생계비를 벌 생각에 위험한 성매매에 뛰어드는 여성은 장기적인 생존이 어려워지며 안정적인 성 생활을 누리기도 어렵게 된다. 성매매의 일종인 원조 교제 역시 여러 나라에서 에이즈 바이러스를 확산시키는 주요 요인으로 지목되고 있다.

상대 남성의 나이가 몇 살이라도 더 많다면 그만큼 그가 에이즈 바이러스에 감염됐을 가능성도 높기 때문이다.

성차는 여성을 에이즈 바이러스에 노출시킬 뿐 아니라 감염된 여성의 남은 일생마저 결정한다. 임신 진단을 받기 위해 방문한 병원에서 에이즈 바이러스에 감염된 사실을 알게 되었다고 생각해 보라. 흔한 일이다. 그렇다면 이 사실을 당신을 지배하는 배우자에게 밝혀야 할까? 사실을 안 배우자가 당신을 비난한다면, 당신은 폭행을 당하거나 집에서 쫓겨나거나 심하면 목숨을 잃을 수도 있는데? 그렇다고 사실을 밝히지 않는다면 배우자의 통제를 받는 상황에서 뱃속 아기에게 에이즈 바이러스가 전염되지 않도록 예방하고 당신의 생명도 연장할 적절한 치료를 받기란 하늘의 별따기일 것이다. 게다가 배우자에게 경제적으로 의존하고 있다면 배우자를 떠날 수도 없다.

성차는 그 밖에도 여러 가지 방식으로 에이즈 바이러스가 여성에게 미치는 충격의 수준을 결정한다. 여성용 콘돔은 비싼데다 널리 보급되지도 않아 구하기 쉽지 않다. 생명을 구할 의료 정보를 접하지 못하는 여성도 많다. 지금 진행되고 있는 연구가 성공한다면 성행위를 하기 전 질이나 자궁 경부에 삽입하는 살균제를 이용하게 될 날이 올 것이고, 그렇게 되면 배우자 모르게 에이즈 바이러스 감염을 막을 수 있을지도 모른다. 그러나 지금까지 이런 연구는 오로지 여성에게만 도움이 되는 까닭에 여성의 건강권과 출산권을 보호하려는 활동가들이 막대한 압력을 넣기 전까지는 줄곧 등한시되어 왔다.

에이즈가 발병한 뒤에도 여성과 남성이 질병을 치료하는 과정은 사뭇 다르다.

에이즈 바이러스 감염 예방 활동을 벌이거나 에이즈 환자를 간호하고 치료할 때, 문제의 근원이 되는 성차별적 사회구조에 대한 이해를 바탕으로 접근한다면 문제 해결 가능성도 높아질 것이다.

여성 할례

전 세계적으로 매년 2백만 건씩, 무려 1억 2천만 명이 넘는 여성과 여자아이들이 할례를 당하는 것으로 추산된다. 여성 할례는 클리토리스를 포함한 외음부에 약간의 상처를 입히는 수준에서부터 일부나 전체를 절제한 뒤 소변을 보거나 생리를 할 수 있게 아주 작은 구멍만 남기고 외음부 전체를 봉합해 결혼한 뒤에야 봉합사를 잘라 내거나 강제로 열어젖힐 수 있게 하는 수준에 이르기까지 다양하다.

일각에서는 여성 할례가 아이에서 여성으로 거듭나는 일종의 통과의례일 뿐이라고 설명한다. 많은 사회에서 여성 할례를 결혼의 전제 조건으로 삼고 있는 만큼 여성 할례는 여성의 경제적, 사회적 안전을 보장하는 보호 수단이라는 것이다. 그렇지만 결혼 전의 처녀성을 입증하고, 결혼 후의 신의를 보장하기 위해 여성을 예속하고 통제하는 수단이라 보는 견해도 있다. 남편이 죽으면 외음부를 다시 봉합하는 일도 있다.

여성과 에이즈 바이러스

여성은 에이즈 바이러스에 감염될 위험이 더 높다.

사하라 이남 아프리카의 성별에 따른 에이즈 감염인* 수

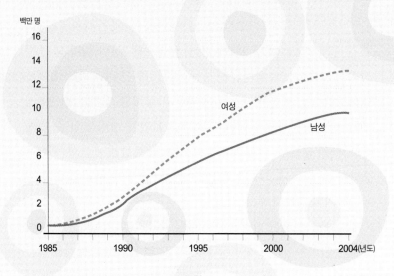

▶출처—A. Desclauz, et al. "African Women Faced With the AIDS Epidemic", *Population & Societies*, No 428, INED, Nov 2006; UNAIDS

---

* 증상이 없는 감염인도 포함한다.

얼마나 절제하느냐에 따라 정도의 차이가 있을 뿐, 여성 할례가 건강에 심각한 위협이 된다는 사실에는 이론의 여지가 없다. 할례를 진행하는 과정에서 여성은 엄청난 고통을 겪을 뿐 아니라 과다출혈로 인한 쇼크로 사망하기도 한다. 그 밖에 여성 할례로 일어날 수 있는 건강상의 문제는 요로 감염이나 골반염을 비롯한 각종 감염, 요도 손상으로 생기는 요실금, 제대로 소독하지 않은 도구로부터 전염되는 에이즈 바이러스 감염, 생리 불순, 불임, 성행위에 따르는 고통, 심리적 후유증에서 비롯되는 불감증, 성적 만족감 결여 등이 있다. 그 결과 배우자가 다른 여성들과 성관계를 맺는 까닭에 에이즈 바이러스나 다른 성병들에 감염될 위험이 크다고 호소하는 여성도 많다.[5] 클리토리스를 비롯한 외음부 전체를 도려내는 수준의 여성 할례를 받은 여성들은 전반적인 출산 과정에서 어려움을 겪을 가능성이 훨씬 높고 그 때문에 산모와 아기에게 장애가 생기거나 심지어는 사망하기도 한다는 사실을 밝혀낸 연구도 있다.[6]

여성 할례 뒤에는 할례를 강요하는 여러 문화적, 종교적 세력이 자리 잡고 있다. 할례를 거부하는 여성은 사회적으로 매장되고 결혼을 하거나 임신할 자격이 없다는 낙인을 감수해야 한다. 오늘날에는 여성 할례를 인권 침해로 보는 견해가 늘어나 반대하는 목소리가 높아지고 있다. 피해를 당한 많은 여성들도 여성 할례 풍습을 퇴치하기 위해 앞장서고 있다.

인재든 천재든 재난이 발생하면 여성에게 특히 더 많은 건강 문제가 발생한다.

강간이 전쟁 무기로 이용되는 사례가 점점 더 많이 보고되고 있다. 그리고 홍수와 지진 같은 자연재해로 피해를 입은 이재민이 늘어나면서 여성 이재민이 경험하는 성폭력도 증가하고 있다. 도로변 같은 비위생적인 환경에서 출산하는 여성도 있다. 〈세계보건기구〉에 따르면 1984년 인도 보팔에서 발생한 폭발 사고˙ 이후 갑작스런 유산으로 고통 받는 여성이 늘어났고 1998년 방글라데시를 덮친 홍수가 지나간 뒤에는 남의 눈에 띄지 않게 생리대를 널어 말릴 마땅한 장소를 찾지 못한 여자아이들이 더러운 생리대를 되풀이해서 사용하는 바람에 요로 감염으로 고통 받는 사

▪ 깊이 읽기

인류 역사상 최악의 산업재해

1984년 12월 2일, 인도 보팔에 있는 미국의 다국적기업 〈유니언 카바이드 Union Carbide〉 화학 공장에서 일어난 폭발 사고는 인류 역사상 최악의 산업재해로 일컬어진다. 이 사고로 살충제의 원료로 사용되는 아이소사이안화메틸이라는 유독 가스가 흘러 나왔는데 그 양은 무려 42톤에 달했다. 이 때문에 1만 명 가까운 사람이 숨졌고 수만 명이 후유증으로 고통 받다 사망한 것으로 알려져 있다. 옮긴이

례가 증가했다. 홍수에 떠내려가는 아이들 중 단 한 명만 구할 수 있는 상황에 처한 부모들이 딸 대신 아들을 구했다는 이야기도 흔했다.[7] 사회보장이나 보건 의료 서비스 같은 공공서비스가 존재하지 않는 곳에서 이재민이 대거 발생하면 가장 큰 고통을 받는 사람은 여성과 여자아이들이다.

빈곤, 여성에 대한 구조적 폭력

극심한 빈곤에서 생활하는 12억 명 중 70퍼센트가 여성이다. 남성과 여성이 사회·경제적 기회나 정치적 기회를 동등하게 누리는 나라는 세상에 없다. 따라서 여성은 사회·경제적 지위를 나타내는 대부분의 지표에서 남성보다 낮은 점수를 받는다.[8]

구조 조정 프로그램과 무역 자유화는 성별 불평등 격차를 더 크게 벌려 놓았다. 구조 조정 프로그램하에서 많은 여성이 생계 수단을 상실했다. 무역 개방으로 여성 일자리가 더 많이 생겨도 대부분 일자리는 임금이 낮고 건강에 해로운 작업 조건을 갖추고 있었다. 2장에서 언급한 수출 가공 지역을 생각해 보면 된다.

일반적으로 여성은 같은 업무를 하는 남성에 비해 30퍼센트에서 40퍼센트 정도 낮은 임금을 받기 때문에 여성이 남성보다 빈곤에서 빠져나오기가 더 어렵다. 게다가 일하는 여성은 가정을 돌볼 일차적 책임도 함께 지기 때문에 이중 노동에 시달린다.

일자리가 줄어들 경우 가장 먼저 쫓겨나는 사람은 여성이고 일자리가 부족할 경우 가장 취업하기 힘든 사람도 여성이다. 공공 지출이나 사회적 지출이 줄어들면 돌봄 노동을 더 많이 해서 그로 인한 피해를 메우는 사람도 여성이다. 가정의 지출을 줄일 수밖에 없는 상황이 되면 여자아이들이 가장 먼저 학교를 그만둔다. 여성의 교육 수준이 가족의 건강에 미치는 연쇄 반응을 보고한 연구 결과도 많다.

출산 문제가 걸려 있기 때문에 여성일수록, 그리고 가난한 여성일수록 더 많은 보건 의료 서비스가 필요하다. 그러나 구조 조정 프로그램으로 보건 의료 서비스가 민영화되고 본인 부담금 제도가 도입되면서 특히 가난한 여성의 피해가 막심하다. 가령 탄자니아의 어느 지역에서는 본인 부담금 제도가 도입된 뒤로 정부에서 운영하는 병원을 찾아 출산 전 진료를 받는 비율이 53.4퍼센트 낮아졌다.[9]

남반구의 많은 여성이 하루에도 몇 시간씩 땔감으로 쓸 나무를 줍고 물을 구하러 다닌다. 그 때문에 여자아이들은 학교에 다니지 못하며 여성들은 임금을 받는 일자리를 구하지 못한다. 더 가난한 나라의 경우 피임, 출산 전 진료, 안전한 출산은 꿈도 꿀 수 없어서 아기가 장애를 안고 태어나거나 사산되는 비율이 높다.

부유한 나라에서도 가난한 여성이 더 고통 받는다는 사실은 달라지지 않는다. 미국의 경우 상대적으로 높은 소득을 얻는 여성이 빈곤선 이하의 여성에 비해 유방암 예방 차원에서 유방 조영술을 받는 비율이 현저히 높았다. 빈곤에 처할 가능성이 높은 미국 흑인 여성은 에이즈 바이러스 양성 반응이 나올 가능성도 높다.

부채를 탕감받으려는 나라들은 '빈곤 퇴치 전략'을 수립해야 한다. '빈곤 퇴치 전략'은 정부 차원에서 진행되는 정책이자 개발 원조와도 밀접한 관련이 있는 정책으로 어떤 자원을 어디에 배치할지를 결정한다. 그러나 7장에서 자세히 다루겠지만, 이 전략은 무엇보다 성차를 고려하지 않는다는 점에서 비판의 대상이 된다.

산아제한에서 오르가슴을 느낄 권리까지

성차는 다양한 문제를 야기하지만 여성의 건강에 대한 논의는 주로 출산 문제에 국한된다. '모성과 아동 건강'에 관련된 최초의 주요 정책은 20세기로 넘어오는 전환기에 유럽에서 등장했다. [영국은 1906년과 1907년에 각각 무상 급식 제도와 의무교육 제도를 시행했다.] 장차 생산 노동자와 군인으로 성장할 건강한 아이를 많이 확보할 요량으로 수립된 이 정책은 여성이 아니라 아동에게 주안점을 두었다.

20세기 초 정치 운동과 노동운동은 여성의 건강권을 증진하라고 요구하기 시작했다. 결국 1948년 "세계인권선언"은 남성과 여성이 동등한 권리를 지닌 존재라고 선언했다. "세계인권선언"은 여성 인권을 더 폭넓게, 그리고 거침없이 주장하게 되는 계기가 되었다. 누구도 빼앗을 수 없는 기본적인 인권과 자유를 선언한 "세계인권선언" 이후 수많은 선언들이 터져 나왔다. 그러나 자신의 운명을 스스로 결정할 수 있는 능력이 생길 때 비로소 여성이 남성과 동등해질 수 있다고 한다면[10] 아직도 갈 길이 멀다.

여성의 건강에 대한 국제적 담론이 출생에서 노년에 이르는 여성의 생애 전반을 다룰 수 있는 단계에 이르고, 또 여성이 가진 권리, 즉 성적으로 자율적으로 행동하고 즐거움을 누릴 권리를 바탕으로 하는 모든 논의들을 포함하려면 영겁의 세월이 필요할지도 모른다. 그러나 그렇게만 된다면 백내장에 걸려 실명하는 여성이 더 이상 나오지 않을 것이고 결혼을 할 것인지, 한다면 언제 할 것인지, 그리고 언제 어떤 방식으로 아이를 가질 것인지 같은 문제를 여성 스스로 결정하게 될 것이다.

1950년대부터 지금까지 모성은 아동에 대한 관심에 밀려 항상 뒷전으로 물러나 있었다. 모성은 인구 성장을 억제하려는 국제 자선 단체가 적극적으로 추진한 수직적인 가족계획의 일부가 되었고 여성의 건강은 '산아제한'으로 환원되었다. 피임 대상을 선정해 출산을 억제하는 정책은 상당히 강압적이었다. 출산 직후의 여성에게 동의도 없이 불임 시술을 하거나 진료소를 찾은 여성에게 피임 기구를 삽입하는 일이 벌어졌다. 공공서비스는 여성의 힘을 길러줄 수 있는 도구였지만 억압을 위한 도구로도 사용될 수 있었다. 그 때문에 곳곳에서 공공서비스에 대한 뿌리 깊은 불신이 생겨났다.

일차 보건 의료의 이상

1978년 "알마아타선언"이 구체화한 일차 보건 의료의 이상에 따라 여성의 건강을 좀 더 포괄적으로 보호하는 서비스가 도입되리라는 희망의 불씨가 타올랐다. "알마아타선언"의 뒤를 이어

이제 그런 일은 없다고요?

최근 프랑스 정부로부터 다산 장려금을 받은 여성은 『타임Time』과의 인터뷰에서 9번의 임신 모두 원해서 한 것인지 질문하는 사람이 많았다고 말했다. "그저 웃을 수밖에요. 요즘 세상에도 원하지 않는 아이를 낳는 사람이 있다고 생각하세요? 이제 그런 일은 없다고요." 그러나 전 세계적으로 매년 8천만 건의 원치 않는 임신이 이뤄지고 1억 2천만 명의 여성이 피임을 원하지만 할 수 없는 처지에 놓여 있다. 산부인과에 방문할 수 없기 때문이기도 하고, 성차에 따른 불평등이 만연한 곳의 경우 여성이 자신의 문제를 자율적으로 결정할 수 없기 때문이기도 하다. 바로 그 때문에 북반구에서는 임신 때문에 2천8백 명당 1명이 사망하는 데 비해 남반구에서는 20명 중 1명이 사망하는 것이다.

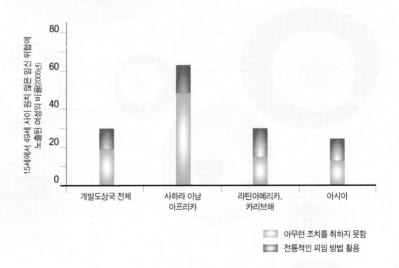

효과적인 피임법 보급이 절실한 사하라 이남 아프리카

▶출처—S. Singh et al., "Adding It Up: The Benefits of Investing in Sexual and Reproductive Health Care", New York: The Alan Guttmacher Institute, 2004.

●여성차별철폐협약─정식 명칭은 "여성에 대한 모든 형태의 차별철폐에 관한 협약"이다. 1979년 유엔 총회에서 처음 채택되었으며 2002년 기준으로 168개국이 가입해 있다. 우리나라는 1984년 12월 협약에 비준했다. 협약에서는 여성 차별을 폭넓게 규정하고 있으며, 가입국에게 남녀평등 원칙을 헌법이나 기타 법률에 명시할 것과 차별 철폐를 위한 입법이나 강력한 제재를 가할 것을 요청하고 있다. 그 밖에 여성의 선거권과 피선거권 같은 정치적 권리를 보장하고 국적, 고용, 보건, 경제 등 다양한 분야에서 양성평등을 이루기 위한 적절한 조치를 제시하고 있다. 옮긴이

1981년 시행된 "여성차별철폐협약"은 국제 여성 권리장전으로 불리기도 하는데 협약에 비준하거나 동의한 나라는 조항을 실행에 옮길 법적 책임이 있다. "여성차별철폐협약"은 여성의 권리를 쟁취하기 위한 투쟁의 여정에서 획기적인 사건으로 기억될 것이다. 그 밖에도 1985년 케냐 나이로비에서 열린 제3차 세계여성회의, 그로부터 10여년 뒤인 1994년 카이로에서 열린 유엔 국제인구개발회의, 1995년 중국 베이징에서 열린 제4차 세계여성회의도 중요한 국제회의다.

베이징 세계여성회의를 마칠 무렵, 유엔 회원국은 그동안 각종 회의에서 천명한 내용을 바탕으로 여성에게 자신의 성 생활과 관련된 문제를 자유롭게 결정하고 스스로 통제할 권리가 있다고 인정했다. 베이징 세계여성회의는 여성의 권리가 "강압이나 차별, 폭력에 휘둘리지 않는 건강한 성 생활과 건강한 출산"에 있다고 확인했고 여성의 출산권이 여성의 사회·경제적 권리나 정치적 권리와 분리할 수 없는 것임을 명확히 했다. 또한 여성의 복리는 그 자체로 여성의 권리이자 여성을 위한 권리이며 발전의 핵심이라는 사실도 최종 확인했다. 베이징 세계여성회의는 여성과 남성이 가정, 일터, 국가, 국제사회에서 동등한 힘을 가지고 동

등한 책임을 진다는 이상을 품었다.

베이징 세계여성회의는 이와 같은 이상을 정해진 기간 안에 달성하기 위해 행동 강령을 마련했다. 가령 각 나라는 2015년까지 일차 보건 의료 체계를 구축해 성적 문제나 출산 문제를 겪는 여성이라면 누구나 보건 의료 서비스를 받을 수 있도록 조치해야 한다. 자궁 경부암, 에이즈, 그 밖에 성관계를 통해 전염될 수 있는 질병의 검사와 치료를 비롯해 출산과 관련된 여성의 건강 문제를 돌보기 위해 필요한 모든 보건 의료 서비스를 포괄하는 가족계획도 수립해야 한다. 출산 전에는 진료 서비스를 제공해야 하고 성폭력에 노출된 여성을 보호하는 서비스도 마련해야 한다. 여성의 힘을 강화하고 양성평등을 달성하기 위한 발전 목표를 수립해야 하는 것은 물론이다.

누구의 권리이고 누구의 자유인가?

출산권에 한정된 여성 인권을 성과 관련된 포괄적 권리로 확대하는 일은 급격한 사회 변화를 요구한다. 여성이 자신의 성과 관련된 포괄적 권리를 누린다는 말은 자신의 성과 관련된 사안들을 스스로 결정할 권리뿐 아니라 성을 통해 즐거움을 누릴 권리도 포괄하기 때문이다. 최종 합의문을 도출하는 과정에서 벌어진 사투는 지금도 전설로 남아 있다. 남반구 북반구 가릴 것 없이 정부, 국제기구, 활동가들이 한 뜻이 되어 여성 인권 확대를 옹호하는 전선을 형성했다. 보수적인 정부나 종교 단체는 여성에게는 가족이나 배우자의 도움 없이 스스로 자신의 성 문제나 출산 문제를 결정할 역량이 없다며 여성 인권 확대에 격렬하게 저항했다.[11] 표면적으로 내세운 주장의 이면에는 권리와 자유라는 '서양식' 가치관에 대한 적대감과 '문화'에 대한 이해 부족이 자리 잡고 있었다. 그러나 〈아프리카연합〉의 전신인 〈아프리카통일기구〉는 이러한 반대에 아랑곳하지 않고 성과 관련된 여성의 권리를 아프리카의 공식 입장으로 채택했다. 또한 그런 권리가 특히 에이즈나 여성에 대한 성폭력에 미치는 영향에 주목하면서 그 권리를 아프리카 개발 목표에 연계시켰다.

〈유엔인구기금〉의 전 사무총장 나피스 사딕Nafis Sadik 박사는 모든 것이 문화와 성차의 문제라고 강조했다. "우리와 관련된 문제를 털어놓을 용기를 가져야 합니다. 문화적 가치나 전통의 가치를 내세우는 그럴싸한 논리에 넘어가서는 안 됩니다. 여성을 억압하고 노예처럼 부리는 문화가 무슨 가치가 있다는 말입니까? 문화와 전통은 인간의 복리를 위해 기능해야 합니다. 인간에게 위협이 되는 문화나 전통은 단호하게 거부하고 다른 문화와 전통을 창조해 나가야 합니다. 절대로 침묵해서는 안 됩니다."

결국 베이징 세계여성회의는 합의를 통해 행동 강령을 마련했다. 물론 그것이 여성 인권에 관련된 최상의 결과인 것은 아니다. 그럼에도 이런 회의를 통해 여성 인권이 '인구 조절과 가족계획' 차원의 논의를 넘어 '여성의 권리'와 '여성의 힘을 강화하는' 차원의 논의로 한 단계 승화했다는 의의는 있다. 그러나 오늘날까지도 많은 정부는 그저 '말뿐인 정책'을 시행하고 있다.

베이징 세계여성회의는 수많은 성과를 거뒀지만 명확하지 않은 언어를 사용하는 바람에 각국 정부에게 책임을 회피할 여지를 남겼다는 비판을 받는다. 또 "국가적, 세계적 차원의 부와 권력의 분배 구조, 부채·원조·무역에 대한 기존 게임의 법칙" 같은 문제를 해결하려 하기는커녕 오히려 자초했다는 비판도 받는다.[12]

여성 인권

한계가 없는 것은 아니지만 베이징 세계여성회의 같은 국제적 행사를 통해 고조된 여성 인권을 요구하는 목소리는 지구상의 모든 대륙에 울려 퍼졌고 여성의 힘을 강화했다. 중국에는 가본 적도 없는 수많은 여성들에게 힘을 준 것이다. 가령 성폭력 실태를 조사하는 남아프리카공화국 연구에서 표본 집단에 속한 어느 여성은 이렇게 말했다. "폭행당한 여성이 침묵해서는 안 됩니다. (…) 내 말은, [침묵한다면] 우리의 고통을 아무도 몰라 줄 겁니다. 베이징이 알려준 사실입니다." 안타깝게도 여성 인권은 남성 인권을 침해하는 것으로 받아들여진다. 표본 집단에 속한 어느 남성은 이렇게 말했다. "남아프리카공화국은 만델라가 제시한 '50 대 50' 병에 시달리고 있어요.('50 대 50'은 아파르트헤이트 정책에서 탈피한 남아프리카공화국에서 양성평등을 강조하는 표현이다.) 여자들은 베이징 세계여성회의에서 결정된 비상식적인 내용을 내세우려 해서는 안 됩니다."[13] 반발하는 남성도 있지만 남자다움을 재규정하는 일과 여성 인권을 지지하는 남성도 많다.

베이징 세계여성회의와 여러 기념비적인 합의를 통해 여성의 인권을 향상시킬 큰 걸음을 내딛은 건 사실이지만, 결정된 내용을 각국에서 법제화하고 시행하게 하는 일도 그리 만만한 일은 아니다. 179개국이 행동 강령에 동의하고 실행에 옮기고 있지만 진척이 매우 느리고 오히려 역행하는 경우도 있다. 물론 상당한 진전을 보인 나라도 많다. 여러 나라에서 여성의 성이나 출산에 관련된 더 포괄적인 보건 의료 서비스를 도입했다. 이집트, 부르키나파소, 세네갈은 여성 할례를 법으로 금지했고 세계 여러 나라들이 가정 폭력 금지법을 도입했다. 『글로벌 헬스 워치*Global Health Watch*』는 브라질이 여성을 의사 결정에 참여시킨 일, 여성의 재산권을 보장하려는 케냐의 노력, 인도 정부가 가족계획을 포기한 일이 모두 베이징 세계여성회의의 성과라고 언급한다.

일보 전진 이보 후퇴

그러나 우파와 종교적 근본주의가 힘을 키우고 거시 경제 환경에 변화가 찾아오면서 지금까지 이룩해 온 성과가 전 세계적인 차원에서 침식되고 있다. 신자유주의의 등장과 함께 구조 조정 프로그램이 시행되고 시장이 주도하는 보건 의료 개혁이 일어나면서 여성의 성과 출산에 관한 좀 더 포괄적인 보건 의료 서비스를 기대하기가 어려워졌다. '필수' 서비스조차 상업화된 보건 의료 부문에 내맡겨지는 경우가 점차 늘어나면서 베이징 세계여성회의에서 결의한 목표를 달성할 수 있을 만큼 보건 의료 부문을

일거양득

자신의 문제를 스스로 결정할 권리는 본질적인 권리이자 여성에게 반드시 필요한 바람직한 권리다. 한편 자신에 대한 결정권이 생기면 여성은 〈유엔아동기금〉이 "일거양득double dividends"이라고 표현한 자기 계발이라는 이득도 함께 누릴 수 있다. 정치적 결정권을 가진 여성은 여성과 어린이의 복지를 증진하는 정책을 남성보다 더 강하게 추진하는 것으로 나타났다. 여성을 교육하면 어린이의 생존율이 높아지고 진학률도 높아진다. 자원이 희소해지면 여성은 남성에 비해 가족을 먹이는 데 더 우선권을 두는 것으로 연구 결과 드러났다. 〈국제먹을거리정책연구소International Food Policy Research Institute〉가 남아시아에서 수행한 연구에 따르면 남성과 여성이 동등한 의사 결정권을 지니고 있을 경우 영양실조에 걸린 아동은 무려 1천3백40만 명이나 줄어든다.

여성의 교육 수준과 아동 사망률 사이의 관계

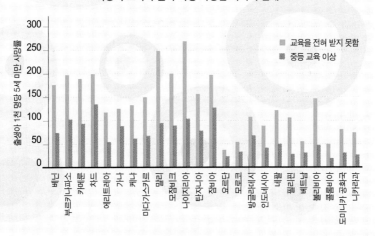

▶출처―ORC Macro, 2007. MEASURE DHS STATcomplier. http://www.measuredhs.com, March 16 2007.

크게 확대할 여지가 줄어들게 되었다. 활동가들은 눈뜨고 코 베어 가는 거시 경제 요인에 관심을 기울이지 못한 것을 한탄하면서 좀 더 전략적으로 대처할 필요가 있다고 지적한다.

7장에서 자세히 다룰 "유엔 새천년개발목표"는 베이징 세계여성회의의 성과를 더욱 심하게 훼손한다. 다른 모든 대형 국제 협약과 마찬가지로 "유엔 새천년개발목표"도 "가는 것이 있어야 오는 것도 있는" 국가 간 계약의 산물이기 때문이다. 재클린 샤프Jacqueline Sharpe 트리니다드 〈가족계획협회Family Planning Association〉 회장은 이렇게 언급한다. "여성의 몸은 여전히 장기판의 졸 취급을 받습니다. 협상할 때 쉽게 내던질 수 있는 말에 불과한 것이죠."[14] 그럼에도 유엔으로부터 "새천년개발목표" 수립 업무를 위임받은 〈모성건강과아동건강대책본부〉가 제시한 목표는 일단 베이징이 품었던 이상에 부합한다.

2005년 11월 25일 시행에 들어간 "아프리카 여성의 인권 및 모든 아프리카인의 인권 헌장에 대한 의정서Protocol to the African Charter on Human and People's Rights on the Rights of Women in Africa" 같은 여러 협약들이 "새천년개발목표"의 뒤를 따르고 있다. 〈아프리카연합〉의 지지를 받은 "아프리카 인권의정서"는 성과 출산에 관련된 여성의 건강을 보호하고 증진할 필요성을 재확인한다. 이러한 협약과 "아부자선언Abuja Declaration"▪, "전 세계 여성의 성과 출산에 관한 보건 의료 정책Continental Sexual and Reproductive Health Policy Framework" 같은 여러 정책들은 보건 의료 서비스를 받을 여성과 어린 여성의 권리를 강조하면서 아프리카 국가들에

게 모든 시민에게 보건 의료 서비스를 제공해야 한다고 촉구한
다.[15] 이 같은 약속 대부분이 지켜지지 않을 우려가 있으므로 앞
으로 아프리카가 어느 방향으로 나아갈지 꾸준히 지켜봐야 할 것
이다. 유엔 인권 선언이 나오고 반세기가 훌쩍 넘은 뒤에야 겨우
여성 인권을 인식하기 시작했고, 그 이후 전 세계의 여러 분야에
서 여성 인권이 신장되는 큰 성과를 이뤘지만 기본적인 자유조차
누리지 못하고 있는 여성이 여전히 많은 것이 현실이다.

■ 깊이 읽기

말라리아 퇴치를 위해 아부자에 모이다

2000년 4월 25일, 나이지리아 아부자에 아프리카 53개국의 정상들이 모여
'말라리아 퇴치를 위한 아프리카 정상 모임'을 가졌다. 그동안 말라리아는
아프리카 경제에 엄청난 부담을 지울 뿐 아니라 빈곤 퇴치에도 큰 장애물
이 되어 왔다. 전 세계 말라리아의 열에 아홉은 사하라 이남 아프리카에서
발생하고, 그 때문에 매년 아프리카에서만 백만 명이 사망한다. 아프리카
는 1997년 한 해에만 20억 달러를 말라리아 문제 해결을 위해 썼지만, 역부
족이었다. 말라리아가 발생하는 지역의 가난한 가족은 말라리아를 예방하
거나 치료하기 위해 매년 소득의 25퍼센트 이상을 지출해야 하기 때문에
말라리아는 가난한 사람들을 더 가난하게 만든다. 말라리아는 아프리카 국
가들의 연간 경제성장률 1.3퍼센트 정도를 좌우할 만큼 심각한 문제다. 따
라서 "아부자선언"은 2010년까지 아프리카에서 말라리아로 인한 사망을
절반까지 줄이겠다는 목표를 세웠다. 이를 위해서 국가 차원의 원조, 국제
차원의 공조, 민간이나 비정부기구의 참여가 요청된다. 옮긴이

▶ 참고—http://www.usaid.gov/our_work/global_health/id/malaria/ publications/docs/abuja.pdf

5 오래된 전염병, 새로운 전염병

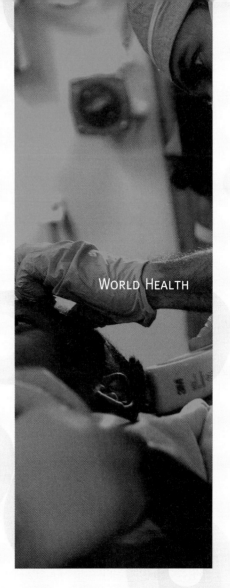

WORLD HEALTH

세계화 시대, 전염병이 기승을 부리는 이유와 조건은
무엇일까?
남반구의 전염병은 남반구만의 문제일까?
지구적 불평등은 전염병 확산에 어떤 역할을 하나?

오래된 전염병, 새로운 전염병

지난 수십 년 사이 과거에 유행한 전염병이 다시 등장하기도 하고 새로운 전염병이 발생하기도 했다. 동시에 비전염성 질병도 만연하게 됐다. 전염성 질병이나 비전염성 질병이 만개할 비옥한 환경을 조성하는 불평등이 늘었기 때문이다. 많은 사람들은 특히 비전염성 질병의 만연에 우려를 표한다. 감염에 의해 발생하는 것은 아니지만 많은 사람에게 영향을 미치기 때문이다.

"정치적 경계는 반투과성 막과 같아서 질병은 자유롭게 넘나들지만 치료법은 자유롭게 넘나들지 못한다."

— 폴 파머(하버드 의대 의료인류학 교수 겸 〈건강 파트너〉 공동설립자)

불과 얼마 전까지도 지구는 악성 전염병 천지였다. 흑사병, 결핵, 천연두, 홍역 같은 전염병으로 수백만 명이 사망하거나 쇠약해졌다. 19세기 중반에 접어들면서 전염병이 조금씩 수그러들었다. 서유럽의 경우 1918년에서 1920년 사이 인플루엔자가 유행해 10억 명이 감염되고 5천만 명이 사망한 것을 마지막으로 전염병이 더이상 창궐하지 않았다. 그 뒤 사람들의 수명이 늘어나고 아이를 더 적게 낳는 새로운 시대가 열렸다. 그러나 이 시기에는 심장 질환, 뇌졸중, 암같이 전염성 없는 퇴행성 질병이 유행해 늘어난 수명에 다시 그림자를 드리웠다.

유행하는 질병의 성격이 달라지는 현상을 보건 의료 분야의 전문 용어로 '질병 이행health transition'이라 부르는데, 근대화되기까지 인류는 세 번의 '질병 이행'을 경험했다. 제1기는 악성 전염병이 창궐하고 기근이 만연한 시기, 제2기는 전염병이 물러간 시기 마지막인 제3기는 비전염성 질병이 만연한 시기였다. 물론 모든 지역이 이 같은 '표준' 모델에 딱 들어맞지는 않는다. 나라 간, 그리고 나라 안의 불평등이 점점 커지는 상황이기 때문에 이제 겨우 1기나 2기를 지나고 있는 지역도 있고 3기에 접어든 지역도 있다. 6장에서 살펴보겠지만, 비전염성 질병이 만연하면 상대적으로 가난한 나라나 가난한 사람들의 부담이 더 커진다. 그러나 예상하지 못한 변화구가 날아와 표준적인 이행 모델을 어지럽혔다. 1970년대 이후 결핵이나 말라리아 같은 과거의 전염병이 다시 발생한 것이다. 게다가 에이즈나 사스 같은 새로운 질병도 적어도 30종 이상 발생했다. 조류독감은 이제 막 기지개를 켜고 있는 중이다. 일각에서는 이런 현상을 질병 이행의 제4기라고 부르기도 한다.

그렇다면 거의 정복된 것처럼 보였던 전염병이 다시 돌아온 까닭은 무엇일까?

오늘날 유행하는 전염병 중에는 인류가 세상에 모습을 드러냈을 때부터 존재해 온 것도 있다. 결핵은 4천5백 년 전 이집트 미라에서 발견되었고 그 뒤로도 가난한 지역을 중심으로 번성해 왔다. 반면 에이즈 바이러스는 새로 등장한 전염병이다.

에이즈 바이러스는 세상을 깜짝 놀라게 했다. 20세기 초 원숭이로부터 사람에게 건너온 에이즈 바이러스는 서서히 세력을 넓혀 1980년대에 전 세계로 확산된다. 모든 대륙에 퍼진 에이즈 바이러스는 15세에서 59세 사이 전 세계 남녀의 사망 원인 1위[1]이자 개발도상국의 사망 원인 1위를 차지했다. 이를 두고 일각에서는 인류 발전사에서 단일 사건으로는 가장 큰 퇴보라고 말하기도 한다. 유엔의 에이즈 전담 기구인 〈유엔에이즈〉에 따르면 2005년, 전 세계 에이즈 감염인 4천만 명 중 2백80만 명이 사망하고 4백10만 명이 새로 감염되었다. 지금까지 에이즈로 사망한 사람만 2천5백만 명이 넘는다. 에이즈는 1990년대 말엽 최고조에 달했다가 몇몇 나라를 중심으로 안정화 단계에 접어든 것으로 보인다. 그러나 남반구, 그중에서도 사하라 이남 아프리카에서는 여전히 에이즈가 기승을 부린다. 2004년 이후 에이즈 감염률이 50퍼센트 이상 증가한 동유럽과 중앙아시아는 새로운 전염 지역으로 급부상했다. 또한 에이즈 바이러스는 에이즈를 어느 정도 통제하게 된 우간다나 미국 같은 나라에서도 재발하고 있다.

결핵으로 숨지는 사람은 매년 3백만 명에 이른다. 한때 결핵은

폭풍의 눈

에이즈 확산의 진원지인 사하라 이남 아프리카뿐 아니라 아프리카 전체를 통틀어 에이즈는 사망 원인 1위를 차지한다.

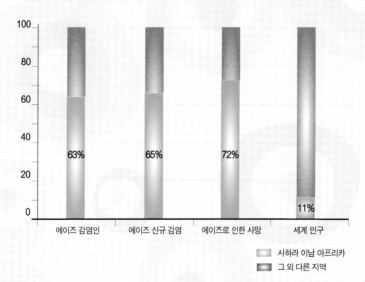

전 세계 에이즈 감염 인구 중 사하라 이남 아프리카가 차지하는 비율(2006년)

▶출처—The HIV/AIDS Epidemic in Sub-Saharan Africa - Fact Sheet, (#7391-04), The Henry J. Kaiser Family Foundation, January 2007. www.kff.org

전 세계를 휩쓸었지만 생활수준이 높아지면서 북반구에서는 거의 사라졌다. 그러다 1990년대 들어 앙갚음이라도 하려는 듯 되돌아와 부유한 미국인과 유럽인 사이에 유행했다. 결핵이 다시 유행하게 된 데는 에이즈 바이러스의 공이 크다. 에이즈 바이러스는 감염인의 면역력을 떨어뜨려 다른 균에 쉽게 감염되게 한다. 에이즈 바이러스가 숙주의 몸에서 여러 해 동안 잠복해 있던 결핵균을 깨우는 것이다. 북반구에서는 결핵이 어느 정도 제어되고 있지만 남반구나 불평등이 심한 서구 나라의 가난한 지역에서는 결핵이 폭발적으로 증가하고 있다. 전 세계 결핵 보균자의 거의 절반이 인구가 많은 중국, 방글라데시, 인도, 파키스탄에 분포해 있다. 수십 년 동안 방치된 결핵은 다제 내성 결핵과 광범위 내성 결핵 같은 변종을 만들어 냈다. 이 변종들은 치료가 거의 불가능하다.

말라리아 또한 1950년대에 접어들면서 대부분의 산업 선진국에서 사라졌다. 1955년 〈세계보건기구〉는 말라리아 퇴치 계획을 수립했고 1970년대에는 ‘퇴치’라는 목표가 ‘통제’로 한 단계 낮아졌다. 인도나 스리랑카 같은 나라의 말라리아 퇴치 계획은 눈부신 성과를 거뒀다. 식민지에서 막 벗어난 아프리카 나라 대부분에서도 생활수준이 개선되고 치료제를 쓸 수 있게 되면서 큰 성과가 나타났다. 그러나 말라리아는 1980년대 이후 사하라 이남 아프리카, 아시아, 라틴아메리카에 다시 등장했다.[2] 아프리카 나라를 대표하는 53인의 대표단은 2000년 "아부자선언"을 통해 2010년까지 말라리아를 절반 수준으로 줄이겠다고 약속했지만 지금까지도 별 소득이 없는 형편이다.

최근 들어 질병은 또 다른 영역으로 진입하기 시작했다.

도대체 무슨 일이?

전염병이 기승을 부리는 이유는 다양하다. 시간이 흐르면서 의약품이나 살충제에 저항성을 지닌 변종이 발생하기 때문이다. 변종은 막을 수 없다. 그러나 변종 말고도 전염병 창궐을 사주하는 다른 요인이 있다.

앞서 여러 차례 언급했듯이 하나로 통합되어 가는 세계가 문제다. 무역선은 중세에 창궐한 흑사병 같은 전염병을 퍼뜨리는 매개체 역할을 했지만 동시에 격리처의 역할도 했다. 병든 사람들이 오랜 항해를 견디지 못하고 뭍에 오르기 전에 사망했기 때문에 흑사병은 다른 대륙으로 전염되지 않았다. 그러나 오늘날에는 대부분의 전염병이 감염될 수 있는 한 주기 동안 세계를 여섯 번 왕복할 수 있다. 근대 들어 세계 여행이 그 어느 때보다 늘면서 여행 자체가 전염병을 퍼뜨리는 주요 요인이 된 것이다.

여행이 전염병을 퍼뜨리는 1등 공신이라고는 하지만 전쟁을 피해 도망치거나 자연재해로 터전을 잃은 이재민의 행렬, 극심한 빈곤에서 벗어나 경제적 기회를 잡기 위해 고향을 떠나는 사람들도 전염병을 퍼뜨리는 요인이다. 매년 1억 명 넘는 사람들이 에이즈 바이러스나 다른 병원균을 몸에 지닌 채 국경을 넘나든다. 에이즈 바이러스가 빠른 속도로 확산되는 데는 이유가 있는 것이다.

게다가 세계화된 경제는 질병을 일으키는 환경을 송두리째 바
꿔 놓았다. 목재 수요를 맞추고 수출용 작물을 재배할 농경지를
확보하기 위해 열대우림을 개간하는 한편, 도시가 우후죽순으로
생겨나면서 말라리아모기와 사람이 접촉할 확률이 높아졌다. 예
를 들어 〈세계은행〉이 댐을 건설하고 상업용 관개시설을 설치하
면서 말라리아모기가 번식하기 좋은 새로운 환경이 조성되었고
모기와 모기의 먹잇감인 사람의 거주지가 더 가까워지게 되었다.
말라리아모기의 활동 반경이 넓어지면서 과거 접촉한 적 없는 사
람들도 말라리아모기에 물릴 가능성이 높아졌다. 무엇보다 문제
는 이런 사람들에게는 면역이 없기 때문에 질병에 매우 취약할
수밖에 없다는 것이다.[3]

특허권 보호를 앞세우는 "무역관련지적재산권협정"과 "강화
된무역관련지적재산권협정"에도 책임이 있다. 대부분의 전염병
에는 수백만 명의 목숨을 구할 수 있는 백신이 있고 진단법과 치
료법도 있다. 다만 남반구 시장이 도저히 감당할 수 없는 가격에
공급된다는 것이 문제다. 앞서 살펴보았듯, 에이즈의 경우 감염
인의 생명을 구할 수 있는 항레트로 바이러스 치료제가 개발된
덕분에 북반구에서는 에이즈 바이러스 감염이 더이상 사망을 의
미하지 않게 됐다.

기존 말라리아 치료제에 대한 내성을 지닌 기생충이 나타나자
대형 제약 회사들은 더 효과적인 치료제 개발에 나섰다. 그러나

새로운 치료제 가격은 부유한 나라의 여행자들이나 감당할 수 있는 수준이어서 정작 치료제가 필요한 나라에서는 그 약을 쓸 수 없다. 결핵의 경우에는 더 효과적인 치료제 개발에 충분히 투자하지 않으면서 내성이 강한 변종의 등장을 부추기고 있다고 해도 과언이 아니다. 게다가 하나의 전염병은 또 다른 전염병에 영향을 미친다. 결핵은 이미 에이즈 바이러스 감염인의 사망 원인 1위에 올라 있고 광범위 내성 결핵 같은 변종은 사람들의 건강에 치명적인 위험 요소가 되었다. 말라리아와 에이즈 바이러스도 그 영향력을 서로 강화하기 때문에 이런 실정을 치밀하게 고려한 계획적인 개입이 필요하다. 에이즈 바이러스는 감염인의 면역력을 떨어뜨려 말라리아 병세를 악화시킬 수 있다. 한편 급성 말라리아에 감염될 경우 에이즈 바이러스의 증식이 활성화되어 평소보다 10배나 더 빠르게 에이즈 바이러스가 퍼진다. 그 때문에 에이즈 바이러스가 전염될 위험이 높아지고 기존 감염인의 상태도 악화된다. 임신 중에 에이즈 바이러스에 감염되면 신생아에게 합병증이 발생하거나 사망할 위험이 높아진다. 말라리아, 결핵, 에이즈는 대체로 가난한 지역에서 기승을 부리기 때문에 이 세 전염병이 창궐하는 지역은 대부분 겹친다.

부족한 시간

그 다음으로 중요한 전염병은 조류독감이다. H5N1 인플루엔자A 바이러스가 원인인 조류독감은 이미 인간에게 건너왔고 인

돈으로 생명을 사다

에이즈 바이러스 감염인의 수명을 늘려 주는 항레트로 바이러스 약이 개발되면서 에이즈 바이러스는 관리할 수 있는 만성질환이 되었고 미국 같은 부유한 나라의 에이즈 사망률은 급격히 떨어졌다.

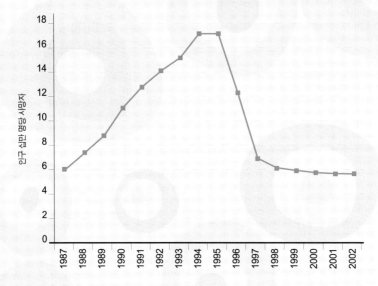

미국의 연간 에이즈 보정 사망률(1987년~2002년)

▶출처―"Trends in annual age-adjusted rate of death due to HIV disease, USA, 1987-2002", Centers for Disesae Control and Prevention, 2005, in "Public Health Innovation and Intellectual Property Rights", Report of the Commission in Intellectual Property Rights, Innovation and Public Health, WHO April 2006.

간과 인간 사이의 전염도 확인되었다. 조류독감 확산 속도가 빨라진다면 인간에게는 큰 난제가 될 것이다. 과학자들은 조류독감 확산은 불가피하다고 말하고 국제기구와 정부들도 이미 대처에 나섰다. 백신 개발에 많은 돈이 투입되었고 치료제가 곧 모습을 드러낼 예정이지만 아직 갈 길이 멀다. 아동에게 안전하지 않다는 우려도 크지만 현재로서는 타미플루가 활용 가능한 유일한 대안인 것으로 보인다. 그러나 전 세계인이 사용할 수 있을 만큼 충분한 양이 준비된 건 아닌 데다가 영국은 이미 타미플루 사재기를 시작한 상태다. 결국 가난한 사람이

●타미플루Tamiflu―〈세계보건기구〉가 유일하게 인정한 조류독감 치료제다. 1996년 미국 제약 회사 〈질리어드 사이언스Gilead Sciences〉가 개발했고, 스위스 제약 회사 〈로슈 홀딩Roche Holding〉이 특허권을 사서 독점 생산하고 있다. 타미플루의 특허 기간은 2016년까지다. 옮긴이

가장 마지막에 타미플루를 복용하는 사태가 반복될 것이다. 설혹 공급량이 늘어난다 해도 특허를 20년간 보장하는 "무역관련지적재산권협정"이 말 그대로 사람들을 죽음으로 내몰 것이다. 부유한 나라와 부유한 사람들은 특허 받은 의약품을 구입할 경제적 능력이 되겠지만 그렇지 않은 사람들은 약을 구하지 못해 죽어갈 것이다.

에이즈 바이러스의 경우에는 사정이 더 복잡하다. 하지만 공공 보건 의료 차원에 입각해서 생각해 볼 때 대체로 부유한 사람들은 전염병에 노출될 위험이 적은 데다가 설령 감염되더라도 생존할 가능성이 더 높다. 사람들은 1918년 인플루엔자가 크게 유행했을 때 누구나 인플루엔자의 희생양이 되었을 거라고 생각한다.

그러나 최근 하버드 대학교에서 발표한 연구에 따르면 주로 가난한 사람들이 희생됐다. 전문가들은 당시 인플루엔자와 유사한 전염병이 다시 세계를 휩쓴다면 희생자의 96퍼센트는 남반구에서 나올 것이라고 추정한다.[4]

전염병이 기승을 부리기 좋은 조건

빈곤과 불평등은 전염병이 쉽게 창궐하기 좋은 조건을 조성한다. 영양실조는 면역력을 약화시키고 인구밀도가 높은 지역일수록 전염성도 높아진다. 정보나 보건 의료 서비스가 부족한 상황은 위험을 높이고, 빈곤과 불평등은 질병의 결과를 결정한다. 보건 의료 서비스에 대한 접근권이 불평등하게 분배되면 치료를 받지 못하는 사람이 생겨 난다. 보건 의료 서비스가 부족하면 제대로 된 치료가 이뤄지지 않고 질병은 약에 대한 내성만 키우고 만다. 면역력 강화에 매우 중요한 영양 공급이 충분히 이뤄지지 못하면 치료제를 쓰더라도 큰 효과가 없다.

1348년 흑사병을 부채질했던 것은 사회·경제적, 정치적 요인이었다. 흑사병의 근원지로 알려진 중국에서는 큰 내전과 뒤이은 기근으로 사회 혼란이 가중되어 사람들의 이탈이 심화되고 있었다. 1312년에서 1322년 사이, 유럽에서는 큰 기근에 경제 불황까지 겹치면서 사람들의 면역력이 약해져 유럽 전역에서 전염병이 유행할 수 있는 조건이 조성되었다. 열악한 생활환경에서 살아가던 가난한 사람들은 감염되기 더 쉬웠다. 흑사병이 실크로드를 따라 유럽에 들어왔을 때 유럽 사람들에게는 피할 방도가 없었던 것이다. 7천5백만 명이 흑사병으로 목숨을 잃었다. 1918년 인플루엔자가 대유행했을 당시 전염병에 시달린 19개국의 상황도 크게 다르지 않았다.[5]

1980년대 이후 세계를 지배한 거시 경제정책은 전 세계의 불평등을 심화시켰다. 사회 서비스는 붕괴했고 취약 계층 사람들이 무수히 영양실조에 빠지면서 면역력이 약화되었다. 〈국제통화기금〉은 동유럽과 과거 소비에트연방 지역에 충격 요법이라며 급격한 민영화와 자본시장 자유화를 꾀했는데, 사회적 안전망이 전혀 없는 상태에서 그런 조치가 이뤄지다 보니 실업과 빈곤이 발생하고 알코올중독과 마약중독에 빠지는 사람 수가 늘어났다. 〈국제통화기금〉의 조치는 그 지역에 에이즈 바이러스가 대규모로 유행하는 데도 큰 몫을 했는데 감염인은 지금도 계속 늘어나는 추세다.

소비에트연방 지역에는 말라리아도 다시 등장했다. 말라리아를 퇴치하기까지 무려 50여년의 세월이 걸렸지만, 불과 5년 사이에 말라리아 기생충이 되살아난 것이다.[6]

결핵같이 인구밀도가 높은 지역에서 번성하는 질병은 급속도로 퍼지는 경향이 있다. 〈세계보건기구〉는 결핵 환자의 95퍼센트가 제3세계에 집중되어 있다고 추산했다. 콜레라도 다시 유행한다. 상수도 공급 서비스 및 위생 서비스가 민영화되면서 극빈층에게까지 본인 부담금 제도가 시행되자 많은 사람들이 건강을 위해 필요한 깨끗하고 안전한 물을 구할 수 없는 열악한 환경에 놓이게 되었기 때문이다.

다양한 측면들이 에이즈 바이러스의 유행을 돕는다. 생물학적 성sex, 성 정체성sexuality, 낙인, 좀 더 최근에는 불가피한 조기 사망 등도 에이즈 바이러스 통제를 어렵게 하는 요인으로 등장했다. 처음에는 주로 성관계를 통해 에이즈 바이러스가 전염되었기 때문에 더 안전한 성 생활의 중요성이 부각되었다. 그러나 상대방과 동등한 위치에서 자기 몸에 대한 결정권을 행사할 수 있는 '온전한 힘'을 가진 여성이라 할지라도 더 안전한 성관계를 위해 성 문제를 드러내 놓고 자유롭게 말하기란 쉽지 않다. 성에 대한 대화는 대부분의 문화에서 금기시되기 때문이다.

에이즈 바이러스의 유행이 소득 불평등과 매우 밀접하게 연결돼 있다는 점은 잘 알려져 있다. 최근에는 세계 기준에 따르면 여전히 빈곤한 '상대적인 빈곤' 역시 에이즈 바이러스를 유행하게 하는 또 하나의 요인이라는 점이 밝혀졌다. 해외 여행을 할 수 있고 그에 따른 성매매 가능성이 높은 도시 주민의 경우 에이즈 바이러스에 노출되기가 더 쉽다.[7] 그렇기 때문에 북반구에 사는 부유한 사람들도 절대 안전하지 않다. 도시와 시골의 경제적 연계, 사하라 이남 아프리카의 물류 운송로도 이 지역에서 에이즈 바이러스가 전염되는 유력한 경로다. 도시와 시골을 연결하는 물류 운송로를 따라 자리잡은 가난한 지역을 중심으로 에이즈 바이러스가 확산되고 있다. 에이즈에 안전한 곳은 없다는 사실을 분명하게 보여 주는 사례다.

4장에서 자세히 소개한 대로 성차 때문에 빈곤한 여성일수록 에이즈 바이러스에 전염되기 더 쉽다.

최근 연구는 여러 명과 갖는 성관계가 사하라 이남 아프리카 지역의 에이즈 바이러스 확산에 큰 역할을 한다고 지적한다. 한 사람이 여러 명과 성관계를 가지면 그 여러 명은 또 다른 여러 명과 관계를 가질 가능성이 더 커질 수밖에 없다. 에이즈 바이러스는 이런 상호 연결된 성적 네트워크를 통해 빠르게 확산된다. 혈액 내 바이러스 수치는 감염 뒤 첫 번째 몇 주 동안 가장 높은데, [성적 네트워크가 복잡할수록] 이 시기에 바이러스가 전염될 확률이 높아지기 때문이다. 여러 명과 성 관계를 갖는 원인은 다양하겠지만 성차, 문화, 빈곤이 가장 큰 원인으로 꼽힌다.

한편 에이즈 바이러스 확산은 빈곤을 심화시킨다. 에이즈 바이러스는 경제 활동이 가장 활발한 연령층에 전염되는 경향이 있기 때문에 가장이 병들거나 죽기 쉽다. 결국 농장을 돌볼 사람이 없어져 작물이 말라죽고 먹을거리를 구입할 돈을 치료비로 써야 하기 때문에 아이들이 학교를 그만두게 된다. 에이즈로 부모를 잃은 아이들은 돌봐 줄 사람 하나 없이 스스로를 돌봐야 한다. 사회적 안전망이 거의 없는 사회에서 돌봐 줄 사람 하나 없이 사는 아이들은 가난의 늪에 더 깊이 빠져들게 된다.

남반구에서는 모유 수유를 통해 에이즈 바이러스가 전염되는 경우도 많지만 이에 대해서는 아무도 관심을 기울이지 않고 있다. 북반구도 남반구에서 에이즈 바이러스를 퇴치하기 위해 지원하고 있지만 에이즈 바이러스가 전 세계를 위협할 수준인지 아닌지를 파악하려는 차원일 뿐이다. 경제 불안정도 에이즈 바이러스를 확산시키는 요인이다. 희소한 자원을 두고 경쟁하게 되면 사회적 갈등이 격화되고 심지어는 전쟁이 일어날 수도 있다. 또한 에이즈 바이러스 감염인이 많은 군대는 평화 유지 능력이나 방어 능력이 저하되기 마련이다.

국가가 에이즈 바이러스 확산의 심각성을 깨닫고 행동에 나서기 시작했을 때는 이미 많은 피해가 발생한 뒤다. 우간다는 강력한 정치적 의지를 가지고 에이즈 바이러스 퇴치 활동을 벌여 성공을 거두기도 했다. 그러나 전 세계 많은 나라의 정부들은 여전히 뒷짐만 지고 있을 뿐이다.

허약한 보건 의료 체계

보건 의료 체계가 제대로 기능하려면 일단 일차 보건 의료 체계가 튼튼해야 한다. 그리고 다음 진료를 위한 상담 체계를 잘 갖추고 있어야 하며, 잘 훈련된 보건 의료 인력을 보유해야 한다. 연구 시설과 원활한 의약품 공급도 필수적이다. 따라서 보건 의료 체계만 제대로 기능한다면 전염병을 예방해 그 확산 속도를 늦출 수 있다. 보건 의료 체계가 허약하면 제대로 된 치료가 이뤄지지 않기 때문에 세균이나 바이러스가 약에 대한 내성만 키우는 최악의 상황이 초래된다. 치료에 관심을 보이지 않는 지역사회도 전염병 확산에 기여한다. 전염병으로 큰 타격을 입은 지역에서 보건 의료 체계가 붕괴하는 사태는 재앙이 아닐 수 없다. 전염병에 걸리는 사람이 늘어날수록 그렇지 않아도 허약한 보건 의료 체계는 더 큰 부담을 안게 된다.

남반구의 많은 나라들이 거시 경제를 '끌어 올리고자' 최소주의 국가를 지향하고 걷잡을 수 없는 민영화 정책을 펴고 있는데, 이런 정책 역시 보건 의료 체계를 약화시키는 주요 요인이다. 2장에서 논의한 대로 "서비스무역에관한일반협정" 같은 무역협정은 그렇지 않아도 불평등한 보건 의료 서비스 접근권을 더 불평등하게 만든다. 보츠나와, 에티오피아, 잠비아 같은 나라는 에이즈 바이러스 치료에 대한 본인 부담금을 낮췄지만 가난한 사람들에게는 그조차 부담이다.[8] 백신이나 치료제 값을 부담하게 하는 것 자체가 가난한 사람에게는 재앙이다. 그렇지만 부채 탕감의 조건으로 공공 지출을 줄이라는 요구를 받는 한, 가난한 나라들이 전염병을 통제하기란 불가능에 가깝다.

전쟁으로 피폐해진 나라의 부패하고 힘없는 정부에게 전염병 퇴치 의지가 있을 리 만무하다. 이는 곧 보건 의료 서비스 분야의 예산 부족으로 이어진다. 세계화로 보건 의료 시장이 개방되면서 전문 인력이 해외로 빠져나간 탓에 제대로 된 서비스를 제공하는 일은 더 어려워졌다. 안타깝게도 남아 있는 보건 의료 인력조차 에이즈 바이러스, 결핵, 다른 전염성 질병에 노출되어 목숨이 위태로운 실정이다.

타인에 대한 공포

전 세계인이 전염병 퇴치에 관심을 가지고 지원에 나섰지만 전염병은 인류의 추악한 측면을 드러내기도 한다. 전염병에 대한 공포는 타인에게 낙인을 찍고 타인을 부정하게 만든다. 따라서 질병을 가진 사람은 지하로 숨어들게 되어 질병을 치료하기 더 어려워진다. 이런 면에서 유대인이나 나환자가 혹사병의 원인으로 지목되어 대량 학살당했던 14세기나 지금이나 별반 차이가 없다.

동성애자, 외국인, 성 노동자, 마약중독자는 에이즈 바이러스에 감염될 가능성이 높은 집단으로 분류되기 때문에 배척당한다. 사람들은 에이즈 바이러스에 걸린 사람이 천벌을 받았다고 생각하며 멀리한다. 이런 낙인은 차별로 이어져 에이즈 전염 예방과 치료를 방해한다. 검사 결과 양성 반응이 나온다면 사람들에게 따돌림 당하거나 친구를 모두 잃을 수도 있고, 폭행당하거나 살해될지도 모르는데 기꺼이 검사를 받고 치료를 받으려는 사람이 있을까?

인권이라는 틀을 바탕으로 한 대응과 인권의 가치를 반영한 입법이 이뤄지지 않으면 에이즈 바이러스의 확산을 막는 데 많은 어려움이 따를 것이다. 재등장하고 있는 전염병 대다수가 소외된 집단에서부터 발생한다. 이들 위기에 처한 공동체의 권리를 부정하는 나라들은 오히려 위험을 자초하는 셈이다. 〈유엔에이즈〉에 따르면 서아프리카에 사는 에이즈 바이러스 감염인의 95퍼센트가 성매매를 통해 감염되었지만 에이즈 퇴치 예산의 5퍼센트만이 성노동자에게 배정되었다. 또한 많은 나라들이 동성끼리의 성관계를 부정하기 때문에 동성애자의 에이즈 바이러스 감염을 예방하기 위한 정책은 거의 없다. 결핵 예방과 치료 역시 비슷한 낙인 때문에 많은 애를 먹고 있다.

모든 것이 평등하지는 않다

사회·경제적 불평등이 만연한 미국의 현실을 반영하듯 아프리카계 미국인은 에이즈 바이러스에 훨씬 더 많이 감염된다. 2003년 신규 에이즈 환자 67퍼센트가 아프리카계 미국 여성이었다. 아프리카계 미국 여성은 백인 미국인에 비해 치료받는 비율이 낮고 에이즈 진단 뒤 생존 기간도 다른 민족이나 인종에 비해 현저히 낮다.

민족과 인종에 따른 미국의 인구 분포와 에이즈 진단(2005년)

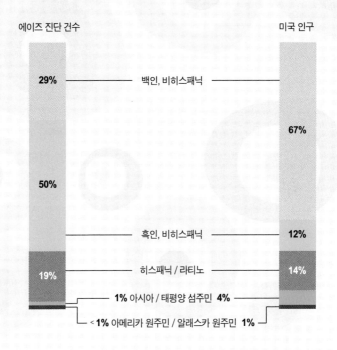

▶출처— "The HIV/AIDS Epidemic in Sub-Saharan Africa-Fact Sheet", (#7391-04), The Henry J. Kaiser Family Foundation, January 2007, www.kff.org

기후변화를 부인하는 태도도 전염병 확산에 영향을 미친다. 최근까지도 많은 사람들이 기후변화의 심각성을 인식하지 못하고 있었다. 무턱대고 환경보호만 외치는 일부 서구 사람들의 기우로만 여겼던 것이다. 그러나 최근 들어 무분별한 산업화가 대중의 건강과 지구의 미래에 막대한 영향을 미친다는 인식이 확산되면서 기후변화는 전 세계가 관심을 보이는 핵심 사안이 되었다. 지구 생태계는 미묘한 균형을 이루며 생명을 번성시켰는데 오늘날 이 균형이 조금씩 흔들리고 있다. 화석연료를 대량으로 소비하고, 산림 파괴를 자행하며, 지구의 열을 가두는 온실가스를 마구 내뿜는 [산업화된] 농업 방식이 바로 지구온난화의 주범이다.

전문가들은 지구의 기온이 2도 상승하면 재앙이 시작될 것으로 보고 있는데 1900년부터 지금까지 이미 1도가 상승했다. 다음 세기에는 기온이 1.4도에서 5.8도까지 오를 것으로 예상된다. 이와 같은 큰 폭의 기온 상승은 지난 1만 년 동안 없었던 일이다.

지구온난화는 빙하를 녹여 해수면을 상승시킨다. 해수면이 상승하면 일부 지역에는 홍수가, 일부 지역에는 가뭄이 든다. 지구온난화는 극단적이고 예측 불가능한 날씨를 몰고 온다. 〈세계보건기구〉는 지난 10년간 자연재해가 3배 증가했다고 보고하기도 했다. 가령 2006년 354건의 자연재해가 160여 개국을 덮쳐 1억 명 이상의 사람들이 피해를 입었다. 기후변화는 자연재해를 일으켜 사람들을 다치게 하고 시설을 파괴할 뿐 아니라 수많은 위험한 전염병을 부활시킨다. 계절에 민감하게 반응하는 모기, 진드기, 벼룩, 박쥐, 쥐 같은 생물은 전염병을 옮기는 주범이다. 가령 따뜻한 계절에 번성하는 모기는 기온이 상승하면 더 빨리 자라고 더 빨리 번식해 더 많은 피를 빨아 먹게 된다. 2050년이면 지구의 기온이 2도 상승할 것으로 추정되는데 그렇게 되면 2억 2천8백만 명이 말라리아에 노출될 것이다.[9]

사태가 악화된 뒤에는, 적어도 지금 바하마에서 누리는 그런 삶을 기대하면 안 된다. 열대 기후가 더 높은 위도대로 올라오면 열대 기후에서 기승을 부리는 질병도 따라 올라온다. 말라리아, 빌하르츠 주혈흡충병, 뎅기 열, 상피병, 사상충증, 아프리카 수면병, 황열병 같은 질병이 창궐할 것이다. 이미 그런 현상이 나타난 지역도 있다. 1999년 뉴욕에서는 웨스트 나일 바이러스가 유행해 7명이 사망했고 그 뒤 미국 44개 주에서 환자가 나타났다. 웨스트 나일 바이러스는 캐나다처럼 점점 더워지는 북쪽을 향해 올라가고 있다. 이탈리아에서는 기후변화로 인해 샌드플라이가 옮기는 리슈만편모충증과 진드기

• 빌하르츠 주혈흡충병 Bilharzia─독일 의사 투도어 빌하르츠가 1851년 시체를 해부하다 발견한 기생충이 빌하르츠 주혈흡충이다. 이집트의 미라에서 종종 발견되곤 한다. 이 기생충은 더러운 물에 살며 피부나 입을 통해 인체에 들어온다. 주로 골반이나 방광의 정맥에 머물면서 알을 낳는데, 산란 부위에 염증을 일으켜 심하면 궤양이나 종양이 나타나기도 한다. 옮긴이

• 상피병 elephantiasis─뱅크로프트 사상충이 혈액에 기생하면서 생기는 병이다. 피부 조직을 점점 코끼리의 피부처럼 단단하고 두껍게 변형시키는 특징이 있다. 옮긴이

• 사상충증 river blindness─주로 아프리카에서 파리나 기생충을 통해 감염되어 나타나는 피부병의 일종이다. 심하면 눈이 먼다. 옮긴이

• 황열병 yellow fever─모기가 옮기는 아르보 바이러스가 원인이 되어 나타나는 출혈열이다. 발열과 근육통, 오한이나 두통이 동반되며 황달로 진행되면 피부가 누렇게 변하기도 한다. 옮긴이

●웨스트 나일 바이러스West Nile Virus—1937년 우간다의 웨스트 나일 지역에서 처음 발견되었다. 주로 모기에 의해 감염되는 뇌염의 일종으로 면역 체계가 약한 노약자나 어린이의 경우 바이러스가 뇌의 중추신경계를 교란해 사망할 수 있다. 처음 발견된 뒤 잠잠하다가 1990년대 말 유럽에서부터 다시 나타나기 시작했다. 2002년까지 미국에서 450여 명이 사망했다고 알려져 있다. 옮긴이

●샌드플라이sandfly—모기보다 작은 흡혈 파리로, 암컷만 흡혈을 하며 따뜻한 기후에서 서식한다. 옮긴이

●리슈만편모충증—리슈만편모충이 샌드플라이에 의해 체내로 들어오면 피부나 점막, 내장에 감염 증상이 나타날 수 있는데, 내장에 증상이 나타나는 경우가 가장 위험하다. 이 경우 열이 나고 비장과 간이 커지며 빈혈이나 백혈구가 감소하는 등, 방치하면 사망에 이를 수도 있다. 옮긴이

가 옮기는 뇌염이 증가하고 있다. 1970년대에는 말라리아를 퇴치했다고 선언했지만 그 역시 돌아왔다. 따뜻한 지역이 늘어나면 렙토스피라증, 라임 병같이 설치류가 옮기는 질병이 나타나는 빈도도 높아진다.

콜레라와 장티푸스같이 물을 통해 감염되는 질병도 증가할 것이다. 조개류가 옮기는 장염비브리오균 같은 세균도 전에는 미국 멕시코만 연안 5개 주에만 나타났지만, 이제는 그 어느 때보다 더 따뜻해진 바닷물을 따라 올라가 뉴욕, 워싱턴, 심지어 알래스카에서도 나타난다.[10] 미국은 큰 비가 내린 뒤, 심한 설사병을 일으키는 대장균과 크립토스포르디움 같은 기생충이 삽시간에 퍼져 곤욕을 치르기도 했다.

극단적인 기후

카트리나 같은 허리케인이나 홍수가 인구가 많은 지역을 덮치면 수백만 명의 이재민이 발생해 페스트나 다른 여러 전염병이 유행하게 된다. 오늘날 자연재해로 인한

이재민은 2천5백만 명에 달하며 2050년에는 1억 5천만 명에 이를 것으로 추정된다.[11] 이재민 사이에서는 여성 성폭력을 비롯한 사회적 전염병이 퍼져 나갈 것이고 그에 따라 에이즈 바이러스의 전염 가능성도 높아질 것이다. 자원이 희소해질수록 갈등이 일어날 가능성이 높아지고 홍수와 가뭄이 농산물 생산량을 감소시켜 식량 확보가 어려워질수록 전염병에 걸릴 확률도 높아질 것이다.

질병을 옮기는 생물이 아니더라도 지구온난화 자체가 건강에 영향을 미칠 수 있다. 유럽에서는 더위로 많은 사람들이 목숨을 잃었다. 열이 빠져나갈 수 없는 막힌 공간에서 에어컨도 없이 사는 선진국의 가난한 사람들은 언제든 생명을 잃을 수 있다. 부유한 사람들이 에어컨을 더 많이 사용할수록 더 많은 에너지가 필요하게 되어 그 자체로 환경에 부담을 주게 될 것이고 에어컨에 사용되는 프레온 가스는 오존을 파괴할 것이다.

무역이 세계화되면서 자유 시장이 전면에 등장한 결과 북반구의 산업 선진국들은 전 세계를 돌아다니며 이윤을 추구할 수 있

●렙토스피라증leptospirosis—1917년 일본에서 처음 병원균이 발견되었다. 들쥐의 소변에 인체가 노출되면 감염되기 쉽다. 초기 감기와 비슷한 증상을 보이다가 황달이나 빈혈, 피부와 폐 출혈 증세로 발전할 수 있다. 우리나라에서는 1984년 처음 발견되었다. 쯔쯔가무시병, 유행성출혈열과 함께 3대 가을 발열성 질환으로 꼽힌다. 옮긴이.

●라임 병lyme disease—1957년 미국 코네티컷 주 올드라임 지역에서 처음 발견되었다. 보렐리아 균에 감염된 진드기가 옮기는 병으로 피부에 생기는 이동성 홍반이 특징적이다. 이 홍반은 가운데는 연하고 가장자리가 붉어서 쉽게 병을 식별할 수 있다. 빨리 치료하지 않으면 여러 장기로 균이 퍼져 뇌염이나 말초신경염, 심근염, 부정맥을 비롯해 근골격계 통증을 일으킬 수 있다. 옮긴이

게 되었고 그 과정에서 막대한 양의 온실가스를 내뿜는다. 〈세계
은행〉 수석 경제학자이자 영국 정부가 의뢰한 기후변화 보고서를
작성한 니콜라스 스턴 경Sir Nicholas Stern은 이를 두고 "이제껏 없
었던 막대하고 광범위한 시장 실패"라고 언급했다. 코피 아난Kofi
Annan 전 유엔 사무총장은 기후변화로 전 세계 경제가 20퍼센트
정도 위축될 수 있다고 경고한 바 있다. 기후변화는 분명 누구에
게나 영향을 미칠 것이다. 그러나 많은 사람들이 지적하듯, 기후
변화에 책임이 거의 없는 사람들이 가장 큰 고통을 받을 것이다.

행동에 나설 수 있을까?

경제학자들은 온실가스 배출을 줄이기 위해 투자하는 비용이
예견된 미래를 감수하는 비용보다 적을 것이라고 말한다. 1997년
"교토 의정서"는 이런 내용을 확인했다. 미국은 문제를 유발하는
가장 큰 주범이면서도 "교토 의정서" 비준을 거부했고 오스트레
일리아 역시 거부했다. 이 와중에도 비판가들은 2050년까지 현재
의 온실가스 배출량을 절반으로 줄여야 한다고 말한다. 심지어는
3분의 2나 줄여야 한다고 말하는 사람들도 있다. "교토 의정서"
는 '청정 개발 체제Clean Development Mechanism'를 통해 남반구에
1천억 달러어치의 탄소 배출권을 배정했지만 자칫 공기를 상품화
하는 결과를 낳을 수 있다. 북반구 정부들과 기업들은 남반구에
서 진행되는 온실가스 배출 감축 사업에 자금을 지원해 탄소 배
출권을 확보해 놓았다. 이들은 본국에서 계속 온실가스를 배출하

면서도 탄소 배출 감축 목표량을 충족시킬 수 있을 것이다. 탄소를 적게 배출하는 쪽이 쓰고 남은 배출권을 탄소를 많이 배출하는 쪽에 판매해 총 배출량의 균형을 유지하는 탄소 배출권 거래 제도도 있다. 화석연료에 막대한 투자를 하는 〈세계은행〉은 이제 배출 감축 사업도 지원한다.

미래 세대의 욕구 충족을 방해하지 않으면서 현재 우리가 지닌 욕구를 충족시킨다는 뜻을 가진 지속 가능한 개발은 우리에게 지금껏 살아왔던 방식과는 전혀 다른 방식으로 살아가라고 주문한다. 비행기 여행을 지금보다 줄여야 하고 재생 에너지를 더 많이 사용해야 한다. 지구온난화 문제를 해결하기 위해 더 나은 목표를 설정해야 하고 오염을 유발한 측이 정화 비용을 지불할 수 있도록 무역 규범도 새로 짜야 한다.

토니 블레어Tony Blair 전 영국 총리는 2007년 열린 세계 경제 포럼에서 미국, 중국, 브라질에게 영국과 마찬가지로 [온실가스] 60퍼센트 감축을 목표로 삼으라고 촉구했다. 그러면서 "교토 의정서" 이후 이뤄지는 합의에서 "교토 의정서"보다 더욱 엄격한 감축 목표를 수립할 의향이 있는지 각국 대표에게 물었다. 진정한 차이를 만들어 내려면 정부의 높은 실천 의지가 반드시 뒤따라야 한다.

한 때 기승을 부렸던 전염병은 어느 정도 통제 가능하게 되었다. 말라리아가 대표적이다. 우리는 말라리아를 예방할 효과적인 기술을 이미 보유하고 있다. 살충제를 집안 구석구석에 뿌리고 모기가 알을 낳을 만한 장소를 없애면 된다. 말라리아는 간단한 방법으로 진단할 수 있고 진단 결과의 정확도도 높으며 치료도 가능하다.

말라리아가 인간에게 막대한 고통을 유발한다는 점을 감안하면 말라리아가 '홀대받는' 질병으로 분류된다는 사실이 기이하게 여겨질 것이다. 사실 19세기에서 20세기로 전환될 무렵 파나마 운하를 건설할 때는 말라리아도 반드시 치료해야 할 중요한 질병이었다. 미국 의회는 파나마 운하를 무사히 짓기 위해 말라리아 통제에 막대한 관심을 기울였다. 테네시 강에 수력발전소를 건설할 때도 해당 지역의 말라리아를 퇴치하려고 많은 애를 썼다. 포괄적인 공공 보건 의료 사업이 진행되고 생활수준이 높아지자 미국에서는 말라리아를 더 이상 찾아볼 수 없게 되었다. 질병이 인간의 이익을 방해한다면 그 질병에 대처하기 위한 투자가 이뤄진다. 그렇기에 북반구의 부유한 세계를 위협한 사스도 비교적 단시간 내에 통제될 수 있었다.

생활수준 향상은 결핵 퇴치에 큰 공을 세웠다. 캄보디아, 세네갈, 케냐, 북아메리카, 유럽, 태국, 우간다의 결연한 노력으로 에이즈 바이러스 전염률도 하락하고 있다.

지속적인 노력의 중요성

에이즈 바이러스가 인구 전체로 퍼지지 않고 어느 정도 수준에서 제어되는 이유는 각국 정부가 에이즈 바이러스 통제에 온 힘을 쏟기 때문이다. 태국은 성매매 업소에서는 무조건 콘돔을 사용하게 하는 법을 제정해 에이즈 바이러스 감염을 줄였다. 이를 어길 경우 해당 업소는 폐쇄된다. 지금은 원점으로 돌아간 상태지만, 우간다도 인상적인 에이즈 예방 광고, 최고 수준의 정치적 의지, 광범위한 규모의 사회적 연계망, 학내 성교육, 에이즈 바이러스에 대한 대중 교육 등을 활용해 초반에 깜짝 놀랄 만한 성과를 거뒀다. 또한 이 나라들은 사람들의 행동방식을 바꿔 에이즈 바이러스가 확산되지 않을 만한 환경을 조성했다.

남성들이 포경수술을 받으면 에이즈 바이러스 전염 위험이 60퍼센트 가까이 줄어든다는 연구 결과가 나오면서 포경수술은 "모두에게 유익한 수술"이 되었다.

미국, 유럽, 우간다에서 에이즈 바이러스가 다시 등장한 것은 예방 프로그램이 꾸준히 시행되지 못한 탓이거나 변종을 일으키는 바이러스에 적절히 대처하지 못했기 때문이다. 다시 등장하고 있는 에이즈 바이러스는 주로 성 노동자, 마약 복용자, 동성애자 같은 주변 집단을 중심으로 퍼지는데 이런 경우 전염병의 존재조차 파악하기가 어렵다. 공공 보건 의료 서비스와 사회적 지원이 신속하게 이뤄져 가장 피해를 입기 쉬운 취약 계층부터 우선 보호해야 한다.

앞으로 몇 년 동안은 전염 경로를 차단하고 사태를 반전시키는 일이 무엇보다 시급하다. 따라서 당장은 예방 사업에 그 어느 때보다 많은 자금이 투입되고 있다. 조건부이기는 해도, 미국은 에이즈 바이러스가 가장 심하게 기승을 부리는 나라에 에이즈 예방과 치료를 위한 자금으로 150억 달러를 기부했다.

〈에이즈, 결핵, 말라리아 퇴치를 위한 세계 기금Global Fund to

● 글렌이글스Gleneagles—스코클랜드에 있다. 2005년 7월 이곳에서 열린 G8 정상회의에서 8개국 정상들은 아프리카에 보내는 지원금을 2010년까지 두 배 늘리기로 합의했다. 옮긴이

Fight AIDS, TB, Malaria〉은 해당 질병에 취약한 지역에 30억 달러를 지원했다. 그러나 모금액은 여전히 목표치를 밑도는 수준이다. 글렌이글스에 모인 G8 정상들이 37억 달러를 기부하기로 약속했지만 그것으로는 한참 부족하다. 소비자 보호 단체 〈퍼블릭시티즌〉에 따르면 부유한 나라가 제공하는 에이즈 바이러스 퇴치 기금은 그 나라의 군대가 3일 동안 사용할 무기를 구입하는 금액 정도밖에 되지 않는다.

3장에서 본 것처럼, 논란이 분분한 민관 협력 사업도 주요 전염병을 퇴치하기 위해 신약과 백신, 의료 기술 개발에 매진하고 있다.

느린 대처

기적을 일으키는 성배를 찾아나서는 기술 개발도 중요하지만 지금까지 써 온 것 중에서 효과가 있었던 방법을 더욱 적극적으로 활용하는 자세도 필요하다. 에이즈 바이러스의 경우 한 차원 높은 수준의 적극적인 예방 사업을 벌이고, 저렴한 치료와 보살핌을 제공하며, 감염인을 위한 지원 정책을 마련하는 것이 중요하다. 높은 수준의 정치적 의지 역시 반드시 뒤따라야 한다. 한편 에이즈 바이러스 감염인이 사회적으로 발언할 수 있는 기회도 더 늘려야 한다.

전염병에 대한 해결책은 이미 나와 있지만 세계는 아주 느릿느

릿 움직인다. 언제나 그랬듯 북반구는 이 전염병들이 자기 대문 앞을 위협한 뒤에야 문제 해결에 나설 것이다. 아마 지구온난화도 비슷한 대접을 받을 것이다. 북반구는 더 많은 특권을 가진 사람들이 전염된 사람들과 접촉할 수밖에 없는 상황이 되어서야 비로소 지구온난화에 대응하기 시작할 것이다.

세계가 조류독감을 예방하기 위해 애쓰는 이유도 북반구의 부유한 사람들이 위협받기 때문이다. 이미 많은 자금이 조류독감을 초기에 감지하는 기술이나 백신 개발에 투입되고 있다. 베트남의 경우 조류 사이에 전염되는 질병의 유행을 어느 정도 제어하는 데 성공했다. 전 세계적으로 1억 4천만여 마리의 조류를 이미 폐기 처분했다. 조류독감에 대한 인식도 늘어 G8은 조류독감 경보를 발령하자는 안을 내놓기도 했다. 혁신도 이뤄지고 있다. 조류독감에 대해 면밀히 조사할 필요가 있다는 생각에 〈캐나다 글로벌 공공 보건 정보 네트워크Canadian Global Public Health Intelligence Network〉는 세계 최초로 인터넷 감시를 시작해 조류독감과 다른 전염성 질병이 발생할 경우 조기 경보를 발령한다. 이 기관은 사스가 발생했을 때도 대응에 중요한 역할을 했다. 르완다에 도입된 휴대폰 기술은 의사들이 에이즈 바이러스와 조류독감의 경로를 추적하는 데 도움을 주었다.

그러나 전염병의 규모에 비하면 인류의 대응은 참으로 보잘 것 없는 수준이다. 가금류를 사육하는 농부들에게 보상금을 지급할 만한 돈도 없다. 보건 의료라는 차원에서 보면 외딴 곳에 사는 사람들까지도 신속하게 진단할 수 있는 체계를 구축하는 게 필요하다. 그러려면 보건 의료 서비스가 지금보다 더 강화되어야 한다. 백신과 치료제가 아직 개발되지 않은 상태이므로 초기 감지와 신속한 대응만이 최선의 희망이다.

일단 조류독감이 발생하면 급속하고 광범위하게 퍼져 나갈 것이다. 〈세계보건기구〉는 조류독감이 발생할 경우 수십억 명이 전염되어 2천8백 만명이 입원하고 7백만 명이 사망할 것이라고 예측했다. 사스가 북반구를 위협했을 때 북반구는 최선을 다해 사스에 대처했다. 하지만 남반구에서 그런 일이 발생해도 똑같이 최선을 다할까? 안타깝지만 지난날을 돌이켜 볼 때 부정적인 답변을 할 수밖에 없다. 그럼에도 정책 결정자들은 가장 가난하고 특권이 없는 사람들의 필요와 이해를 전 세계적 차원에서 대변할 수 있는 방법을 논의하는 자리를 마련해 왔다. 어떤 방향으로 나아갈지는 두고 보면 알 것이다.

전염병의 등장은 비극이지만 전염병이 유행하고 난 뒤 사회가 진보했다고 보는 사람도 있다. 가령 르네상스 시대에 이뤄진 과학 지식의 축적과 폭발적인 혁신은 바로 앞서 발생했던 흑사병과 연결시켜 설명할 수 있다. 1918년 크게 유행했던 인플루엔자는 공공 보건 의료가 경제 발전과 사회 안정에 핵심적인 역할을 한다는 사실을 인식하는 계기가 되었고, 공공 보건 의료 체계의 발전으로 이어졌다.

하나의 전염병에 감시체계를 구축해 놓으면 다른 전염병에도 활용할 수 있고, 하나의 전염병에 대한 백신과 치료제를 새로 개발하면 다른 질병에 대한 백신과 치료제 개발도 쉬워진다. 에이즈 바이러스 유행은 사회적 이탈과 차별로 이어졌지만 한편으로는 사람들을 응집시키는 구심점이 되기도 했다. 그 밖에도 전염병은 보건 의료 체계를 강화시켜 결국 사람들이 다각적인 혜택을 누릴 수 있게 한다.

그러나 무엇보다 전염병의 근원을 파헤치는 것이 중요하다. 생활수준이 높아지고 영양 상태가 좋아지면서 대부분의 나라들이 질병 이행 제 3기로 접어들었다. 거기에 기술이 약간의 힘을 보태면서 오늘날 우리의 삶은 과거와 크게 달라졌다. 그러나 안타깝게도 불평등이 만연한 세계에는 그런 기술에 접근하지 못하는 사람들이 많다. 새로 등장하는 전염병이든 다시 등장한 전염병이든 모든 전염병은 이 책이 강조하는 내용, 즉 많은 질병이 불평등이라는 잘못된 노선을 따라 왔고 그 결과 여성을 포함해 가난하고 특권을 누리지 못하는 사람들이 항상 가장 많이 고통받아 왔다는 사실을 적나라하게 보여 준다.

전 세계적으로 당뇨병, 심장 질환, 뇌졸중, 암 등을 앓는 사람이 기하급수적으로 증가하는 현상도 그런 현실과 무관하지 않다. 이어지는 6장에서는 비전염성 질병을 유행하게 한 두 가지 주요 산업이 무엇인지 살펴볼 것이다.

6 비전염성 질병의 역습

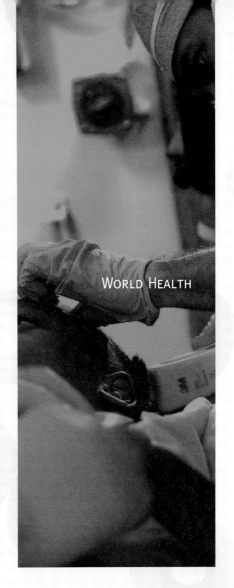

WORLD HEALTH

비전염성 질병을 유행하게 한 두 가지 산업은 무엇일까?
다국적기업은 어떻게 시민들의 건강을 좌우하는가?

비전염성 질병의 역습

오늘날 우리에게 가장 큰 위협은 비전염성 질병의 만연이다. 한때 '귀족병'이라고 불렸던 비전염성 질병이 저소득층과 중간 소득 계층에까지 확산되었다. 세계화된 산업이 국내뿐 아니라 해외에서도 새로운 시장을 개척하기 위해 애쓰면서 나타난 현상이다. 6장에서는 비전염성 질병의 확산을 주도한 담배 산업과 먹을거리 산업에 대해 알아본다.

"성장하는 시장을 무시하는 것은 어리석은 짓입니다. 도덕적 딜레마에 대해서는 답하지 않겠습니다. 다만 회사가 주주들을 기쁘게 해 주어야 한다는 것만은 분명히 말씀드릴 수 있습니다."

─〈로스만스 엑스포트Rothmans Export Ltd〉 남반구 수출용 담배 홍보 및 기업 윤리 담당자1)

　3천5백만 명이 매년 비전염성 만성질환으로 사망한다. 가장 큰 원인은 심장 관상동맥 질환, 뇌졸중, 암, 만성 폐질환, 당뇨병이다. 이런 질병들은 대체로 예방이 가능하다. 그러나 〈세계보건기구〉는 아무런 조치를 취하지 않을 경우 2005년에서 2015년 사이 위 질병으로 사망하는 사람이 17퍼센트 증가해 무려 4천1백만 명이 목숨을 잃을 것으로 추정한다.

먹고살 만한 계층에서 주로 발생하는 생활 습관병으로 알려진 이 질병들은 이제 가난한 사람에게도 점점 더 많은 영향을 미치고 있다. 전 세계 사망 원인 1위를 달리는 심혈관 질환 중 80퍼센트가 중저소득 국가에서 발생한다. 2010년이 되면 인도는 세계에서 당뇨 환자가 가장 많은 나라가 될 것이다.

이런 질병이 발생하는 원인은 다양하다. 유전적 요인이 중요한 역할을 하는 경우도 있고 수명이 늘어나면서 노화가 원인이 되어 발생하는 경우도 많다. 주로 가난한 집단에서 더 많이 퍼지는 인유두종 바이러스와 B형 간염바이러스는 각각 남반구의 자궁 경부암과 간암 발병률을 증가시키는 요인이다. 많은 만성질환이 저체중아 출산 및 도시화와 연계되는데, 모두 빈곤과 관련된 문제다. 그러나 이들 질병의 바탕에는 공통 위험 요인이 있다. 바로 비만, 담배, 술, 활동량 감소가 그것이다. 이런 위험 요인들이 질환의 바탕을 이루고 있기 때문에 생활 습관병을 앓는 사람들은 과식하고 게으르며 흡연과 과음을 즐긴다고 비난받기 일쑤다. 그러나 비난받아야 하는 것은 세계화되어 가는 '서구식 생활 방식'과 막강한 위세를 떨치는 식품·주류·담배 산업이다. 한편 천식과 폐질환의 원인은 오염 물질을 배출하는 산업이다. 예일 대학교의 영양 및 비만 전문가 켈리 브론웰Kelly Bronwell이 말하듯, 바로 이런 산업들이 좀 더 건강하게 살아가려는 개인의 의지를 꺾는 '유해한' 환경을 조성한다.

마약의 다른 이름, 담배

담배 산업에 "악의 제국"이라는 별명이 붙은 데는 그만한 이유가 있다. 자기가 판매하는 제품이 안전하기는커녕 생명을 위협한다는 사실을 알면서도 판매를 중단하지 않기 때문이다. 대형 담배 산업은 2003년 미국에서만 152억 달러를 홍보비로 썼다. 이런 사실만으로는 담배 산업의 유해성을 믿지 못하겠다는 분들을 위해 담배 산업이 더 중독성 있는 담배, 한 개비당 흡입 횟수를 더 늘리는 담배를 개발하려 애쓴다는 점을 덧붙여 본다. 믿기지 않겠지만, 모두 사실이다. 1982년 캐나다의 담배 시장을 조사한 뒤 〈임페리얼 타바코Imperial Tobacco Ltd〉는 이렇게 말했다. "담배를 끊으려는 욕구가 전보다 더 일찍 찾아오는 것 같다. 심지어 고등학교를 졸업하기 전에 이미 담배를 끊을 결심을 하기도 한다. 사실 이제 막 담배를 피우기 시작한 사람조차 자신이 담배에 중독되었다는 불안감에 휩싸이는 것 같다. 그러나 담배를 끊으려는 사람이라면 누구나 곧 깨닫게 되는 것처럼 담배를 끊겠다는 결심이 곧바로 금연으로 이어지지는 않는다."[2] 담배 회사의 부도덕성과 기만성을 드러내는 불미스러운 정보가 담배 회사 문서 보관소에서 잇달아 유출돼 공개되면서 소송이 이어졌다. 공개된 내용 중에는 인체에 치명적인 담배의 독성에 대한 것도 있었다.

매년 5백만 명 가량이 담배 관련 질병으로 일찍 세상을 등진다. 담배는 북반구 성인의 사망 원인 맨 앞자리를 차지하고 있으며 전 세계 사망 원인의 상당 몫을 빠른 속도로 잠식하고 있다.[3] 담배 한 개비당 수명은 7분씩 줄어든다. 흡연과 간접흡연이 원인인 질병은 폐암, 폐기종, 심장 질환에서 자궁 경부암, 불임, 조기 폐경, 유산, 저체중아 출산에 이르기까지 다양하다. 흡연하는 부모와 함께 사는 아동은 영아 돌연사 증후군에 걸릴 확률이 높아지며 천식에서 귀 염증에 이르는 다양한 질병에 걸릴 위험이 높아진다. 〈세계보건기구〉는 간접흡연에 노출된 7억 명의 아동 중 2억 5천만 명이 담배 관련 질병으로 사망할 수 있다고 추정했다. 끔찍한 일이다. 그러나 담배에 들어 있는 것으로 알려진 발암물질만 해도 무려 마흔세 가지에 이르므로 그런 일이 일어날 가능성은 충분하다.

〈세계보건기구〉에 따르면 흡연으로 인한 질병에 지출되는 보건 의료 비용은 고소득 국가의 경우 국내총생산의 0.1퍼센트에서 1.1퍼센트를 차지한다. 인도에서는 흡연으로 인한 질병에 지출되는 보건 의료 비용만 80억 달러에 달한다. 중국의 가난한 남성이 담배를 피우려면 소득의 60퍼센트를 써야 할 수도 있다. 즉, 식료품 구입을 포기하거나 자녀의 교육비를 줄이지 않으면 흡연할 수 없다. 방글라데시의 경우 담배를 끊을 경우 1천5십만 명이 영양실조에서 빠져나올 수 있을 것으로 추정된다. 가장이나 가족 구성원을 잃고 남겨진 가족의 생계, 잦은 결근으로 인한 소득 상실, 장례 비용 등은 사회 전체가 감당해야 할 사회·경제적 부담이다. 남반구에서는 먹을거리를 재배할 귀중한 땅을 빼앗아 담배 농사를 짓는데도 대부분의 이익은 담배 업체가 가져간다. 형편없는 임금을 받으며 일하는 담배 농장 노동자들은 살충제에 중독되거

●**생담배병**─니코틴 중독의 일종으로 젖은 담배잎을 다룰 때 스며 나오는 니코틴에 접촉함으로써 발병한다. 메스꺼움, 구토, 위경련, 두통, 호흡 곤란, 어지럼증, 불규칙한 혈압, 불규칙한 심장 박동 등의 증상이 나타난다.

나 **생담배병**에 걸릴 위험이 높다. 담배는 땅의 영양분을 엄청나게 빨아들이기 때문에 토양의 질이 떨어지고 해충이 활개를 치게 된다. 토양의 힘이 고갈되면 비료도 그만큼 많이 사용하게 된다. 또 담뱃잎을 말리고 처리할 장소를 확보하는 과정에서 숲을 대량으로 불태우는 개간이 이뤄져 기후변화에도 한 몫 하며 담배 생산에 필요한 다량의 살충제는 토양과 수질 오염의 주범이다.

여성을 위한 담배?

담배를 규제하는 법률이 제정되고 여론이 나빠지면서 북반구의 담배 소비는 하락세를 보이고 있지만 저소득층의 흡연율은 여전히 높다. 흡연은 부유한 나라 안에서 부자와 가난한 사람의 사망률 차이를 크게 벌어지게 만드는 원인 중 하나다.

담배 산업은 새로운 시장을 찾아 나섰다. 여성용 담배로 출시된 버지니아 슬림은 "세상 참 많이 변했네You've come a long way, Baby"라는 광고 문구를 내세워 여성 소비자를 공략했다. 또 미국 아동은 미키 마우스보다 카멜 담배의 낙타 캐릭터 조 카멜을 더 많이 봤다고 할 정도로 청소년 공략에도 적극적이었다. 대형 담배 회사인 〈R. J. 레이놀즈R. J. Reynolds〉는 이렇게 말하기도 했다. "아프리카계 미국인, 히스패닉, 여성은 우리 회사의 주요 고객입니다. 그들의 관심사를 무시하고 백인 남성만 등장하는 광고를 내보내거나 백인 남성이 좋아할 만한 담배만 생산한다면 인종차별이니 성차별이니 하는 비난을 받을 것입니다."[4]

여성용 담배는 '여성성'이라는 전통적인 가치에 '해방'이라는 개념을 결합한 슬림형 디자인을 선보인다. 저타르 담배 역시 남성보다 건강에 신경을 더 많이 쓰는 여성의 취향을 반영한 것이다. 그러나 건강 전문가들은 20층에서 뛰어내리나 10층에서 뛰어내리나 결과는 마찬가지인 것처럼 일반 담배와 저타르 담배의 차이도 도토리 키재기라고 말한다. 이미 1978년에 〈브리티시 아메리칸 타바코British American Tobacco〉는 다음과 같이 인정한 바 있다. "[니코틴] 함량이 낮은 담배로 바꾸라는 충고가 실익이 없다는 증거는 충분합니다. (…) 사실 니코틴 함량을 줄인 담배에는 타르가 더 많이 들어가거든요. 게다가 흡연자들은 부족한 니코틴을 만회하기 위해 담배를 더 많이 피우게 됩니다."[5]

여성용 담배가 도입된 지 6년 만에 12세 여자아이들의 흡연율이 110퍼센트 상승했다.[6] 여성용 담배를 판매하는 산업 선진국의 경우 흡연이 중년 여성 사망 원인의 30퍼센트를 차지할 정도로 흡연으로 인한 사망률이 급격히 증가했다.[7] 그 밖에도 흡연 여성은 불임, 조산, 자궁 경부암, 골다공증을 경험할 위험이 높다. 또 경구피임약을 복용하는 여성이 흡연을 할 경우 심장 질환 위험이 10배 높아진다.

무엇보다 담배를 재배하는 농장이나 담배 생산 공장에서 최저임금도 받지 못하면서 일하는 여성이 가장 취약하다. 농촌 여성은 담배 농장을 조성하기 위해 이뤄지는 개간의 최대 피해자다. 땔감을 구하기 위해 더 멀리까지 돌아다녀야 하기 때문이다. 농촌 여성들은 건강 관련 정보를 구하기 어렵고 보건 의료 서비스나 금연 프로그램에도 참여하기 어려운 형편이다.

제물이 된 청소년

1981년 당시 〈필립 모리스Philip Morris(현재는 알트리아)〉는 산업 보고서에 "흡연자 대부분이 10대에 처음 흡연을 경험한다. (⋯) 그러므로 10대의 흡연이 〈필립 모리스〉에 특히 중요하다"고 기록했다.[8] 담배 산업은 부인하지만 조 카멜을 등장시킨 만화 광고를 보면 담배 회사들이 청소년을 적극적으로 공략한다는 사실을 알 수 있다.

공격적인 홍보는 담배 산업의 상징이다. 담배 광고는 흡연에 근사한 몸매, 성공, 반항, 독립 같은 이미지를 결부시킨다. 담배가 운동 능력이나 성적 능력에 영향을 미친다는 사실은 잘 알려져 있다. 흡연으로 인한 폐기종을 앓으면서 달리기를 할 수 있을까? 게다가 흡연은 발기부전을 유발한다. 그러나 담배 산업만큼 창의적인 산업도 없다. 담배 광고를 제한하거나 금지하자 담배 산업은 스포츠 후원으로 눈을 돌렸고, 스포츠 후원도 제약을 받게 되자 근사한 의류나 악세사리를 제조하는 업종으로 진출하거나 커피 전문점 등을 개설하는 등 브랜드 확장에 나섰다. 세일럼 담배가 마돈나를 후원했던 것처럼, 대형 가수의 공연을 후원한 뒤 공연 내용에 자사 광고를 포함시켜 재편집해 텔레비전 방송으로 내보내는 식으로 광고 금지 조치를 우회해 세상의 허를 찔렀다. 담배 산업은 담배를 무료로 나눠 주는 근사한 행사를 자주 마련한다. 담배 종류도 다양해져 냄새를 맡는 담배나 물 담배, 흡입할 때마다 최대한의 니코틴을 흡수하도록 입자를 곱게 갈아 촉촉한 분말 형태로 만들거나 작은 티백에 담아 만든 스누스 등이 출시되고 있다. 뻔뻔스럽게도 담배 회사는 이 제품들이 "담배의 유해성을 줄인" 제품이라고 떠벌린다.

죽음을 수출하다

담배 산업은 미개척 시장인 저소득 국가와 '이행기 국가들'을 공격적으로 공략하고 있다. 중저소득 국가의 경우 1970년대에서 1990년대 사이에 흡연으로 인한 사망자 수가 64퍼센트 증가한 바 있는데, 지금부터 2030년까지 다시 70퍼센트 가량 증가할 것이라는 전망도 있다. 예외도 있지만 남반구 대부분의 나라에서는 흡연의 위험성에 대한 대중의 인식이 부족한 데다 광고 규제도 거의 없어 담배 회사로서는 시장을 확장할 좋은 기회가 된다.

10년 전에는 전 세계 시장의 절반만이 다국적기업에 문호를 개방했지만 오늘날에는 세계 전체가 다국적기업의 먹잇감이다. 또한 남반구는 아동을 포함해 값싼 노동력을 제공하는 원천이다. 오늘날 대부분의 담배는 남반구에서 제조된다. 〈필립 모리스〉, 〈브리티시 아메리칸 타바코〉, 〈R. J. 레이놀즈〉의 해외 판매 담당 법인을 인수한 〈일본 타바코Japan Tobacco〉는 적어도 50여 개국에 공장을 두고 있다. 1997년 이 회사들이 벌어들인 수익은 모두 6백50억 달러였는데 이는 코스타리카, 리투아니아, 세네갈, 스리랑카, 우간다, 짐바브웨의 1997년 국내총생산을 모두 합친 것보다 큰 액수다. 중국은 〈세계무역기구〉에 가입하는 조건으로 거대한 담배 시장을 전 세계에 개방했다. 〈국제통화기금〉과 〈세계은행〉이 기업 간 인수 합병을 정책적으로 지원하면서 국가가 독점하고 있던 기업의 매각을 독려했고, 그 결과 전 세계 담배 시장의 75퍼센트가 위에 언급한 3개 회사와 거대한 중국 시장에 힘입은 〈중국 내셔널 타바코China Maticonal Tobacco Corporation〉의 손아귀에 떨어졌다.

무역 자유화, 국적 제한이 없는 홍보, 밀수 담배와 모조 담배 유통은 담배 산업 규제를 더욱 어렵게 만든다. 많은 무역협정이 산업 규제를 제한한 덕분에 담배 무역이 더 쉬워졌고 경쟁력도 강화되었다. 이미 2장에서 '〈세계무역기구〉와 담배 규제(79쪽)'라는 제목으로 다룬 바 있는 내용이다. 무역협정으로 담배 가격은 더 낮아지고 광고는 더 늘었다. 싱가포르의 담배 광고 금지 조치는 이웃한 말레이시아의 전자 매체에서 '흘러나온' 광고 덕분에 소용없게 되었다. 스웨덴은 유럽연합에 통합되는 과정에서 더 이상 담뱃갑에 경고 문구를 넣지 못하게 됐다.[9]

다국적기업에 맞선 다국적 규제

시장을 통해 정상적으로 유통되고 있지만 사실 담배는 코카인이나 헤로인과 마찬가지로 당장 유통을 금지해야 할 품목이고 담배 회사 최고 경영자들은 콜롬비아 마약왕▪처럼 끝까지 추적해 제거해야 할 대상이다. 그러나 담배 회사들은 강력한 로비를 벌여 막강한 정치적 영향력을 행사하면서 번영을 보장받는다. 북반구와 남반구에서 담배를 규제하는 데 찬성하는 사람들은 담배 회사의 로비에 맞서 힘겨운 싸움을 벌이고 있다. 그런 노력이 중요한 성과를 내기도 했다. 우선 각 나라 전문가들 사이에 네트워크가 형성되어 무역 분쟁 소송을 지원한다. 남아프리카공화국, 브라질, 태국, 폴란드는 다른 나라의 담배 규제 정책을 본받아 도입하기도 했다. 그러나 세계화가 진행되면서 이렇게 어렵게 얻은 성취마저 물거품이 되기 일쑤다.

〈세계보건기구〉의 "담배규제기본협약Framework Convention on Tobacco Control"은 담배가 전 세계를 위협하지 못하도록 규제하려

▪ 깊이 읽기

콜롬비아 마약왕

코카인의 최대 산지인 콜롬비아에는 메데인 카르텔, 칼리 카르텔이라고 하는 양대 마약 조직이 있다. 1980년대 중반 콜롬비아 정부는 미국의 지원 아래 소탕 작전을 벌여 전 세계 80퍼센트의 코카인을 공급하는 메데인 카르텔의 수장이자 "마약왕"으로 불리는 파블로 에스코바르Pablo Escobar와 그의 조직원 300여명을 사살할 수 있었다. 사병대를 이끌며 세계 7대 부자에 이름을 올린 에스코바르는 콜롬비아에서 막대한 영향력을 행사했으며 빈자들에겐 "콜롬비아 로빈 훗"으로 불리기도 했다. 옮긴이

는 국제적 노력으로, 개별 국가의 독자적인 노력만으로는 전 세계적으로 유통되는 담배를 규제하기 어렵다는 인식을 바탕으로 탄생했다. 다국적기업에는 다국적 규제가 제격이다.[10] "담배규제기본협약"은 〈세계보건기구〉 최초의 국제 협약이며 전 세계 학계와 공공 보건 의료 활동가, 시민사회와 정부가 협력해 마련한 협약이다. 2005년부터 시행에 들어간 이 협약은 유엔 역사상 가장 많은 국가가 참여한 협약이기도 하다. 40개국 이상이 협약에 비준했고, 비준한 나라들은 담배 규제법을 도입할 수 있게 되었다. 여기에는 담배 수요를 줄이고 비흡연자의 간접흡연을 줄이기 위해 담배 가격을 높이며 세금을 올리는 등의 규제나 담배의 성분에 대한 규제, 국내외 광고·홍보·후원 활동 등에 대한 규제가 포함된다.

다른 규제 수단으로는 담뱃갑에 '라이트', '마일드' 같은 문구를 넣지 못하게 하고 건강에 유해하다는 문구를 넣게 하며 성분을 표기하도록 하는 방안이 있다. "담배규제기본협약"은 미성년자들 사이에 불법적으로 유통되는 담배를 규제한다. 한편 담배 노동자, 생산자, 판매자가 다른 경제 활동에 종사할 수 있도록 이직을 지원한다. 이와 같은 개입은 많은 비용을 들이지 않고도 성공리에 수행할 수 있는 정책으로 판명되었다. 이와 같은 포괄적인 개입이 이뤄지지 않는다면 21세기에만 10억 명의 사람들이 흡연으로 인한 질병으로 사망할 것이다.

담배 업계는 일제히 "담배규제기본협약"의 여러 조항들을 싸잡아 비난했다. 담배 업계는 "청정공기법clean air laws"이 관광산업을 비롯한 산업 전반에 나쁜 영향을 미치며 담뱃값이 오르면 밀수가 증가할 것이라고 볼멘소리를 하는가 하면, 규제로 회사가 어려워져서 농민과 노동자가 특히 큰 타격을 받을 것이라고 주장했다. 비슷한 인식을 바탕으로 "담배규제기본협약"에도 담배 규제로 피해를 입게 될 담배 농민과 관련 산업의 노동자를 위해 기술적, 재정적 지원을 아끼지 말아야 한다는 내용이 포함됐다. 한편 담배를 규제한다고 해서 다른 소비까지 모두 위축된다고 볼 수는 없기 때문에 고용에 큰 영향을 주는 것은 아니며 오직 담배 소비만 줄게 될 것이라는 증거도 있다. 담배를 구입하는 데 쓰던 돈을 다른 곳에 쓰는 것뿐이며 담배를 수입하는 데 쓰던 돈으로 다른 제품과 서비스를 수입하게 되면 해당 부문에 신규 일자리가 생겨날 것이다.

전 세계적 무역협정이 사람의 건강보다 이윤을 앞세우는 현실 속에서 "담배규제기본협약"이 체결되었다는 사실은 유엔의 역사에 또 하나의 분수령으로 기록될 것이다. 『글로벌 헬스 워치』는 "담배규제기본협약"이 이뤄낸 핵심 성과를 다음과 같이 요약했다. 우선 이 협약을 통해 전 세계적 산업 규제와 국제 공조를 위한 근거가 마련됐다. 둘째, 상업적 이해보다 자국민의 건강을 우선시할 권리를 천명함으로써 각국 정부가 담배 규제법을 수월하게 제정할 수 있게 됐다. 셋째, 기업에게 더 많은 책임을 묻고 기업이 공공 보건 의료 정책을 결정하는 데 간여하지 못하도록 차단할 수 있게 됐다. 마지막으로, 국제적 차원의 정책 결정에는 시민사회가 반드시 참여해야 한다는 사실을 확인했다.[11]

그러나 협약을 실행에 옮기기까지는 아직도 해야 할 일이 산더미다. 지속적인 감시 활동이 이뤄져야 하는 것은 두말하면 잔소리다. 멕시코가 "담배규제기본협약"을 비준하고 한 달도 채 지나지 않아 〈알트리아〉와 〈브리티시 아메리칸 타바코〉는 정부와 협상을 벌여 정부가 담배를 금지하거나 세금을 높이지 않는 대신, 업계 차원에서 건강 기금을 조성하기로 했다.[12] 담배 업계는 기업의 사회 공헌 사업을 활성화해 이미지를 제고하고, "건강에 덜 위험한" 담배 개발에 투자하며, 브랜드 확장을 통해 규제를 고묘히 피해 가며 제품 홍보에 매진한다. 그러므로 "담배규제기본협약"이 성사되었다고 해서 전쟁이 끝난 것은 아니다. 더욱이 패스트푸드와의 전쟁은 이제 막 시작됐다.

뿌린 대로 거둔다

비만은 북반구와 남반부 모두의 사회문제로 떠오르고 있다. 2005년 〈세계보건기구〉는 전 세계 3억 명의 사람들이 비만으로 고생 중이고 10억 명이 넘는 사람들이 과체중이라고 추산했다. 그에 관련된 경제적 비용 역시 수십억 달러에 달한다. 아동 비만도 늘어나는 추세인데 아동 비만은 심장병, 천식, 대사장애, 충치, 우울증, 고혈압, 당뇨병으로 고생하는 젊은이가 늘어나는 주요 원인이다. 전 세계적으로 1억 5천5백만 명의 초등학생이 과체중 아동으로 분류되며 3천만 명에서 4천5백만 명이 비만 아동으로 추정된다. 새롭게 등장하고 있는 비전염성 질병을 퍼뜨리는 요인

을 파악하는 일이 시급하다.[13]

유전적, 문화적, 사회 환경적 요인도 있지만 남반구의 경우, 서구식 생활 방식이 점차 유입되면서 비만에 영향을 미친다고 할 수 있다. 패스트푸드로 대표되는 먹을거리 산업과 탄산음료 산업을 주범으로 지목할 만한 증거가 쌓이고 있다. 패스트푸드나 탄산음료에는 설탕, 칼로리, 포화지방, 트랜스 지방산, 소금이 한 가득이다. 1987년 미국인들은 약 1천억 달러어치의 패스트푸드를 소비했는데 이는 고등교육에 드는 비용이나 개인용 컴퓨터, 소프트웨어, 신차 구입에 쓴 금액과 맞먹는다.[14] 먹을거리 산업이 세계화됨에 따라 패스트푸드나 가공식품이 남반구에도 널리 보급되었다. 안타깝게도 '빨리 조리'할 수 있으면서도 영양 만점인 음식 문화를 가진 중국 같은 나라에서조차 서양의 패스트푸드가 판치는 실정이다.

담배 산업과 마찬가지로 미국의 식품 및 음료 산업이 펼치는 로비 활동은 정치인들에게 막강한 영향력을 행사한다. 미국의 식품 및 음료 산업은 수십억 달러를 광고에 쏟아 붓고 정치적인 영향력을 행사해 정부의 권고를 약화시키고 정부의 규제권 행사를 방해한다. 미국의 먹을거리 산업은 영양 문제를 전문적으로 연구하는 기관과 친밀한 관계를 맺고, 식품 및 음료 산업에 호의적인 영양 연구에 자금을 지원하며, 보건 의료 전문가들에게 영향을 미치는 학술 저널이나 학술 대회를 후원한다. 그러니 사람들이 단 것이 건강에 좋다고 생각하게 된 것도 무리가 아니다.

1988년 「영양과 건강에 관한 미 공중위생 국장 보고서」를 발간한 영양학자 매리언 네슬레Marian Nestle는 다음과 같이 언급했다.

연구 결과가 실제로 어떤 의미를 가지든 간에 보고서는 절대로 포
화지방이나 "그 밖에 다른 유해한 음식" 섭취를 규제하기 위해 "육
류를 적게 섭취하라"고 권할 수 없었다. 레이건 정부는 먹을거리
산업에 호의적이었다. 따라서 전문가들이 그런 조언을 할 경우 타
격을 입을 먹을거리 산업은 자기들의 후원을 받는 의회 의원들에
게 불만을 토로했을 것이다. 먹을거리 산업에 타격을 줄 만한 내용
이 들어 있는 보고서가 발간될 수 없었던 건 당연하다. (…) 식음료
산업은 "고기를 덜 섭취하세요"라는 권고가 나오면 날을 세우고
전투태세를 취하지만 "포화지방을 덜 섭취하세요"라는 모호한 표
현은 경계하지 않는다. "설탕을 덜 섭취하세요"라는 말이 나오면
설탕 업체는 당장 의회로 달려가 "설탕 섭취를 포함시킨 권장 식이
요법"을 내놓으라고 압력을 행사할 것이다.[15]

발간된 보고서에는 "충치에 취약한 사람은 설탕 섭취를 자제"
하라는 내용이 담겼는데 선거를 치른 2000년에는 「음식물 지방
과 건강에 관한 미 공중위생 국장 보고서」가 완전 폐기되었다.

2002년 〈미국설탕협회US Sugar Association〉는 코카콜라, 펩시콜
라를 비롯한 6개 대형 식품업체와 함께 토미 톰슨Tommy Thompson
미 보건복지부 장관에게 서한을 보냈다. 〈세계보건기구〉에 영향
력을 행사해 영양과 식이요법에 관한 보고서를 폐기해달라는
내용이었다. 〈세계보건기구〉가 발간한 영양과 식이요법에 관한

보고서는 건강한 식단에는 설탕이 10퍼센트 넘게 들어가면 안 된다고 권고하고 있다. 그러자 〈미국설탕협회〉는 〈세계보건기구〉 의장에게 서한을 보내 〈세계보건기구〉가 발간한 보고서에서 "미심쩍은 부분을 낱낱이 폭로하겠다"고 으름장을 놓으면서 미국이 보내는 4억 6백만 달러의 후원금을 삭감하겠다고 협박했다.[16]

2000년 9천억 달러의 매출을 올린 식품 회사는 직접 광고와 홍보 비용으로 미국에서만 300억 달러를 썼다.[17] 담배 산업과 더불어 먹을거리 산업은 부유한 나라의 취약 계층과 저소득층으로 시장을 확대하는 한편 남반구 시장에도 마수를 뻗치고 있다. 무역 협정은 다국적기업이 세계로 뻗어 나갈 발판을 마련해 주었다. 한 해에만 2천여 곳의 점포를 새로 여는 〈맥도널드〉는 전 세계에 2만 3천여 점포를 운영하고 있는데, 아시아에만 7천여 점포가 성업 중이다. 오늘날 멕시코인들은 우유보다 코카콜라를 더 많이 마신다.[18]

비만한 성인은 과체중 아동의 미래

과체중 아동은 과체중 성인이 될 확률이 높다. 그렇기 때문에 북반구에 비만이 증가하는 원인으로 아동을 대상으로 한 광고를 꼽는 사람들이 많다. 미국 어린이가 하루 중 "수면을 제외하고 가장 많이 하는 활동이 미디어 소비 활동"이라는 사실을 감안해 보면 사람들이 광고를 탓하는 것도 무리가 아니다.[19] 평범한 어린이가 1년 동안 보는 텔레비전 광고는 무려 4만 여건에 달한다. 이는 1970년대 이후 두 배나 증가한 수치로 아동 비만 역시 그와 비슷한 폭으로 증가해 왔다.[20] 미디어가 세계화되고 있는 만큼 더욱 광고에 주목해야 한다.

기업의 천국 미국은 어린이를 대상으로 한 광고에만 매년 120억 달러를 쏟아 붓는다. 아이들의 '떼 쓰기'가 보호자들의 구매 행태에 영향을 미치기 때문이다. 미국에서 수행된 어느 연구는 평범한 아동은 5분마다 한 번씩 먹을거리에 관련된 상업 광고에 노출될 수 있고 토요일 아침 텔레비전의 어린이 프로그램 시간대에는 한 시간에 무려 11회나 먹을거리 관련 상업 광고에 노출될 수 있다고 보고했다.[21] 광고 대부분은 사탕, 설탕이 범벅된 시리얼, 칼로리라고는 전혀 없고 지방·소금·설탕만 가득한 패스트푸드 광고다. 8세 이하 아동은 광고를 유용한 정보나 오락으로 생각하는 경향이 있다는 사실을 밝힌 연구도 있다. 미취학 아동 중에는 중간 광고를 텔레비전 프로그램의 연장으로 생각하는 경우도 있었다.[22] 어린아이의 경우에는 제품에 붙은 "살찌지 않는"이나 "지방이 없는" 같은 문구를 "영양이 풍부한"과 같은 의미로 인식하기도 한다.

어디에나 있는 로널드

어린이들을 패스트푸드점으로 유인하기 위해 교차 판촉cross-promotional marketing이 이뤄진다. 이때 주로 활용되는 것은 인기

치솟는 비만율

패스트푸드 소비는 아동 비만의 주범이다. 예일 대학교 비만 및 영양 전문가인 켈리 브론웰은 좀 더 강력한 제재 정책을 요구한다. "우리는 조 카멜이 선전하는 상품이 아이에게 해롭기 때문에 그를 광고판에서 끌어내립니다. 반면 로널드 맥도널드는 그저 귀엽다고 생각하죠. 하지만 조 카멜과 로널드 맥도널드가 뭐가 다릅니까? 그들이 선전하는 상품은 모두 아동에게 유해한데 말입니다."

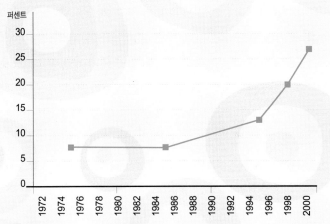

지난 30년간 영국의 과체중 어린이 비율

▶출처—IOTF www.iotf.org/images/childtrends.jpg

있는 캐릭터나 블록버스터 영화에 등장하는 유명 연예인이다. 1996년, 〈맥도널드〉와 〈디즈니〉는 〈디즈니〉의 유명 캐릭터를 활용한 상품을 전 세계 〈맥도널드〉 매장에서 판매한다는 내용의 10년짜리 배타적 홍보 계약을 체결했다. 맥도널드 매장에는 '빅맥'을 먹고 있는 영화 주인공의 캐릭터 상품이 즐비하다. 미국 초등학생을 대상으로 설문 조사를 수행한 결과 로널드 맥도널드보다 인지도가 높았던 가상의 인물은 96퍼센트의 인지도를 기록한 산타클로스가 유일했다.[23]

또한 〈맥도널드〉는 미국 프로 농구나 올림픽을 후원해 홍보에 나서기도 한다. 〈버거킹〉은 세계적인 아동 전문 케이블 방송 채널인 〈니켈로디언Nickelodeon〉과 공동 홍보 계약을 맺었다.

심지어는 학교 교실도 효과적인 홍보 장소가 된다. 1만 2천여 곳의 미국 학교에 다니는 8백만 명의 학생에게 방송을 내보내는 〈채널 원Channel One〉은 자금난에 시달리는 학교에 통신 장비를 설치해 주는 대신 자사 방송을 내보내 새로운 시청자를 확보할 기회를 잡았다. 〈채널 원〉이 제공한 통신 장비는 채널이 고정되어 있고 빨리 감기가 되지 않으며 음량도 조절되지 않았다. 그 장비를 통해 방송되는 내용은 물론 교육적인 콘텐츠였지만 갑작스레 나타나는 광고도 포함되어 있었다. 어느 연구에 따르면 〈채널 원〉을 통해 방송되는 광고는 하루 2분에 불과했지만 그 짧은 시간에 방영된 전체 광고의 70퍼센트가 패스트푸드, 사탕, 탄산음료, 칩, 스낵 같은 먹을거리 광고였다.[24]

패스트푸드는 이제 미국의 학교 구내식당과 자판기에서 쉽게 접할 수 있는 음식이 되었다. 공립학교든 사립학교든 예산은 항상 부족하기 마련이라서 학교 운영 위원회는 스낵이나 탄산음료를 판매하는 자판기를 도입해 부족한 예산을 메우려 한다.

많은 경우 산업계는 학교 수입의 일차적인 원천이다. 기업은 10만 달러가 소요되는 컴퓨터 센터 건립이나 교사 연수를 포함해 정기적으로 치러지는 학교 행사 비용을 마련하는 데 큰 도움을 준다. 연방 법이나 주 법은 점심시간에는 자판기 가동을 멈추도록 규정하고 있지만 만일 학교가 점심시간에 자판기 가동을 멈춘다면 약속한 만큼의 후원을 하지 않겠다는 내용이 계약서에 명시된 경우가 많다. 게다가 학교는 대부분 배타적인 계약을 맺는다. 이를테면 10년 동안 '코카콜라'의 독점적 납품권을 보장하는 내용의 175만 달러짜리 계약을 맺은 학교도 있다. 덕분에 그 구역에 속한 모든 학교가 영향을 받게 되었다.

지역사회는 이런 현실에 맞서 싸우고 있다. 뉴욕 주 필라델피아의 부모들은 교육 위원회를 상대로 소송을 제기한 끝에 학교와 〈코카콜라〉 사이에 오고 간 4천3백만 달러짜리 계약을 없던 일로 만들었다.

패스트푸드 산업은 식습관을 망치는 수준을 넘어 값싼 노동력을 착취해 노동자의 건강을 악화시키는 데에도 기여한다. 패스트푸드 산업 노동자들보다 더 낮은 임금을 받는 계층은 이민 온 농장 노동자뿐이다. 패스트푸드 산업에서는 파견 근로가 보편적인 데다가 이직률도 높아 노동조합 결성도 어렵다.

속지 말자

규제하려는 움직임이 일고 언론에서도 부정적인 이야기를 쏟아 내자 식품업계도 이에 응수했다. 〈맥도널드〉는 '해피밀'을 선보이면서 아이들의 "건강에 유익한" 음식이라고 전 세계적으로 대대적인 홍보를 진행했다. 〈펩시〉는 신제품 판매 수입의 50퍼센트를 건강에 이로운 제품군 개발에 투자하겠다고 약속했다. 튀겨서 만들던 치토스는 구워서 만든 저지방 치토스로 교체됐다. 그리고 모든 제품의 1회 제공량이 줄어들었다. 하지만 신제품이 건강에 미치는 영향에 대해서는 많은 의문이 제기된다. 일부 제품의 경우 여전히 청소년 일일 권장량보다 많은 설탕과 소금이 들어있는 데다가 그동안 즐겨 먹던 제품에 입맛이 길들여진 청소년들이 건강에 좀 더 이롭다는 이런 제품을 선택할지 미지수이기 때문이다. 〈크래프트〉와 〈펩시〉는 건강에 이로운 제품의 판매가 엄청난 성장세를 보이고 있다고 하면서 미래를 낙관하지만 비판가들은 식품업체가 "건강에 이로운" 제품을 내놓는 이유는 그보다 더 효과적인 해결책이지만 업체에는 치명적인 규제 입법이나 소송 같은 행위를 지연시키려는 술책에 불과하다고 말한다.

이와 같은 현실을 바꾸기 위한 전략으로는 건강에 유익하면서도 더 저렴하고 쉽게 구할 수 있는 식품을 유통시키도록 법으로 규제하거나, 어린이를 대상으로 '영양가 없는' 식품 및 음료를 광고하지 못하도록 금지하는 방법이 있다. 스웨덴과 캐나다의 퀘벡 같은 일부 지역의 경우 어린이를 대상으로 한 '영양가 없는' 식품 및 음료의 텔레비전 광고를 금지했다. 영국도 비슷한 규제를 도입하려고 준비하는 중이다. 아동을 텔레비전에서 떨어뜨리는 부모들의 노력도 필요하다. 학교에 더 많은 예산을 지원하도록 관련 기관에 지속적으로 요구하는 한편 사탕, 탄산음료, 지방으로 가득한 식품을 학교에서 판매하지 못하게 해 달라고 요구해야 한다. 벨기에, 프랑스, 포르투갈은 학교에서 정크 푸드 판매를 전면 금지했다. '크기가 큰' 식품도 시장에서 퇴출되었다. 그런 식품의 1회 제공분에는 더 많은 지방, 소금, 설탕, 칼로리가 들어있는 데다가 대부분의 사람들은 있으면 있을수록 더 먹게 되기 때문이다.

그저 밥상만의 문제가 아니다. 우리에게는 보행로, 놀이터, 운동 시설이 구비된 환경이 필요하다. 또한 그 지역에서 생산된 건강한 먹을거리를 유통시키는 소매점이 더 많아져 지역사회의 경제와 주민 건강에 영향을 미치도록 노력을 기울여야 한다. 지나치다고 생각할지 모르지만 건강에 해로운 먹을거리에 비만세를 부과하고 그렇게 거둬들인 세금을 영양을 증진하고 휴식 공간을 마련하는 데 사용하는 방안도 고려해 볼 만하다. 가공되어 포장

●비만세―2011년 10월 1일 덴마크에서 최초로 도입한 이래 프랑스, 헝가리 등 비만세를 도입하는 나라들이 늘고 있다. 최근 국내에서도 비만세 도입에 대한 논의가 이뤄지고 있다. 옮긴이

판매되는 식품에 영양 성분을 표시하도록 하는 나라도 많다. 2006년 미국은 기존 제도를 확대해 트랜스 지방산 비중도 표시하도록 법을 개정했다. 하버드 『공공 보건 의료 리뷰*Public Health Review*』에 따르면 영양 성분 표시 라벨에 트랜스 지방산이라는 단 하나의 항목을 포함시키기까지 "무려 50여 년의 세월 동안 두 대륙에서 활동하는 연구자들이 모여 연구를 수행하고 보건 의료 관련 사회단체와 소비자 교육 단체들이 적극적으로 로비 활동을 펼쳐야 했다"고 한다. 미국의 먹을거리 규제 기관인 식품의약국은 이번 조치로 연간 9억 달러에서 18억 달러의 의료비가 절감될 것이라고 예상했다. 사람들의 건강이 좋아지는 만큼 질병에 따른 생산력 감소 문제가 해결될 것이고 경제적·육체적 고통도 줄어들 것이다.

다국적 먹을거리 산업과 농산업은 비만만 증가시킨 것이 아니다. 모순적이게도 그들은 지구온난화, 빈곤, 영양실조에도 크게 기여했다. 가령 맥도널드는 소를 키울 목장을 조성하기 위해 전 세계의 열대우림을 광범위하게 파괴했다. 세계화된 대형 농산업은 5장에서 보았듯이 기후변화와 관련이 깊고 1장과 2장에서 본 것처럼 보건 의료에 영향을 미치는 주요 요인이다. 기아와 비만 문제를 해결하기 위해 국제 무역협정을 걸고 넘어가지 않을 수 없는 이유다.

6장에서는 비전염성 질병을 확산시킨 주범인 두 가지 산업에

대해 살펴보았지만 그들만이 범인은 아니다. 가령 주류 산업은 전 세계 질병 중 4퍼센트 정도에 책임이 있다. 술은 심장 질환을 비롯한 여러 질병의 원인으로 알려져 있는데, 자동차 사고에서 자살에 이르는 의도적, 비의도적 상해의 원인이 된다.

비전염성 질병이 대부분의 나라에서 주요 사망 원인에 올라 있고, 빈곤을 줄이기 위해서도 이를 극복하는 것이 필수적이지만 7장에서 살펴볼 "새천년개발목표"는 비전염성 질병을 언급조차 하지 않고 있다. 어쩌면 더 중요한 전 세계적 해결 과제가 많아서 후순위로 밀린 것일지도 모른다. 그러나 비전염성 질병이 "새천년개발목표"에서 빠지게 됨으로써 사람보다 이윤을 앞세우는 대형 산업이 '개발'을 방해하도록 내버려두는 것이나 다름없는 상황이 되었다.

N▷7 큰 해결책

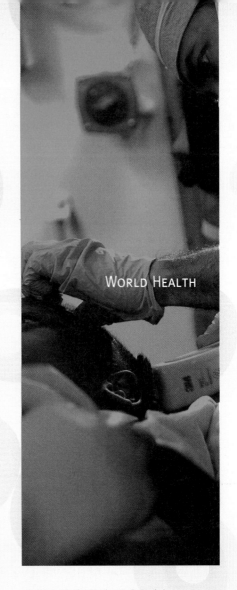

WORLD HEALTH

선진국은 왜 원조를 하고도 욕을 먹나?
의료 부문을 시장에 맡겨서는 안 되는 이유는 무엇인가?
인류 건강을 위해 국제사회는 어떤 대응을 해야 할까?

큰 해결책

세계의 보건 의료가 아무리 큰 문제를 안고 있다 해도 극복할 수 없는 문제는 아니다. 세계가 마음먹고 나서면 얼마든지 문제를 해결할 수 있다. 그러나 변화는 더디다. 그러므로 우리는 국제사회든, 국가든, 지역사회든, 가정이든, 문제의 근원에 권력이 자리 잡고 있다는 사실을 간파해야 한다.

"가난한 사람들에게 먹을 것을 나눠 줄 때는 나를 성인이라고 치켜세우던 사람들이 왜 가난한 사람들이 음식을 구하지 못하느냐고 따지자 나를 공산주의자로 몰아세우더군요."

―돔 헬더 카마라Dom Hélder Câmara(브라질 올린다와 헤시피 교구 대주교)

만일 세계가 "세계인권선언"에 여전히 동의하고 있다면 "모든 인류에게 건강을" 선사하는 것은 우리가 추구해야 할 당연한 목표다. 그리고 여기서 핵심은 '평등'에 주안점을 두는 사회정의, 경제 정의를 요구할 권리다. 불평등의 중심에는 불공정이 자리 잡고 있다. 보건 의료 분야에서 평등을 달성하려면 가장 못 사는 사람들에게 가장 많은 자원을 배분해야 한다. 그래야 그들이 스스로의 삶을 빠른 속도로 개선해 나갈 수 있을 것이다.

어떻게 하면 목표를 달성할 수 있을까? 여기엔 수많은 방안이 있지만 가장 많은 지지를 받은 대책, 즉 고삐 풀린 자유 시장이라는 대책은 도저히 문제를 해결할 수 없을 것으로 보인다. 신자유주의적 거시 경제 정책은 불평등만 강화할 뿐이기 때문이다.

20세기 들어 보건 의료 부문이 거둔 눈부신 수확은 모두가 함께 누려야 한다. 우리가 모든 문제를 해결할 수 있는 것은 아니지만 그렇다고 해법이 전혀 없는 것도 아니다. 사회·경제정책과 보건 의료 정책을 잘 결합해 공공 보건 의료 체계를 구축하고 이를 적극 활용하면 피할 수 있는 질병으로 고통받는 많은 사람들을 큰 비용을 들이지 않고도 도울 수 있다.[1] 쿠바, 스리랑카, 코스타리카, 인도의 케랄라 주는 눈부신 경제성장을 이룬 지역은 아니지만 비교적 적은 비용으로 그런 일이 정말로 가능하다는 것을 보여 준다.

껍데기뿐인 새천년개발목표?

"새천년개발목표"는 전 세계가 2015년까지 달성해야 할 8대 목표다. 2000년 유엔 회원국의 동의를 얻어 채택된 "새천년개발목표"는 전 세계가 공동으로 노력을 기울인다는 점에서 많은 주목과 찬사를 받았다. 한편 "새천년개발목표"는 개발을 중요시하고 위에서 아래로 내려오는 수직적 접근법이라는 비판을 받기도 한다. "새천년개발목표"는 탈군사화나 비무장 같은 목표를 설정하고 있지 않다. 비전염성 질병을 퇴치하자는 말도 없고 자유 시장의 규칙을 바꾸는 일에 초점을 맞추지도 않는다. 1995년 베이징에서 열린 제4차 세계여성회의는 여성의 지위 향상을 위해 애쓰겠다고 다짐했지만 "새천년개발목표"에서는 성평등 촉진과 여권 신장만을 따로 떼어 목표로 설정함으로써 여성 인권에 관련된 다른 과제들은 달성하기 어렵게 되었다. "새천년개발목표"가 여권 신장에 관심을 갖는다는 것은 좋은 일이다. 그러나 그 목표가 교육에서의 성차별 폐지로 축소된다면 성평등이라는 더 포괄적인 과제는 정책에 반영하기 어렵게 된다. 전 세계의 자원이 "새천년개발목표"에 집중되고 있음을 감안할 때 거기에 들지 못한 다른 과제들은 등한시되고 말 것이다. 〈국제가족계획연맹International

---

■ 깊이 읽기

새천년개발목표

1. 절대 빈곤과 기아 퇴치
2. 보편적 초등 교육의 달성
3. 성 평등과 여성의 역량 강화
4. 아동 사망률 감소
5. 임산부 건강 개선
6. 에이즈, 말라리아, 기타 질병 퇴치
7. 지속 가능한 환경 보장
8. 개발을 위한 국제 파트너십 구축

Planned Parenthood Federation〉의 스티븐 신딩Steven Sinding은 이렇게 요약했다. "'새천년개발목표'에 들지 못한 목표들은 퇴출당한 것이나 다름없다."[2]

"새천년개발목표"가 단순히 가난한 사람의 권익을 옹호하는 데 그치는 것이 아니라 평등이라는 더 포괄적인 목표를 지향해야 한다고 요구하는 사람들이 많다. "5세 미만 사망률 감소" 같은 목표에는 "빈곤 계층과 그 밖에 주변 집단이 더 빠르게 발전할 수 있도록 보장한다"는 문구를 추가해 좀 더 평등을 지향하는 목표가 되도록 수정할 수 있을 것이다.[3]

〈유엔개발계획〉은 2003년 발간한 『인간 개발 보고서Human Development Report』에서 이미 "나라 전체가 평등이라는 목표를 달성하기 위해 노력하는 곳에서조차 여성, 농촌 주민, 소수 인종, 그 밖에 가난한 사람들은 평균적인 국민에 비해 느리게 발전한다. 아예 발전하지 못하기도 한다"고 밝힌 바 있다.

유엔은 다른 국제기관이 원조와 부채 탕감을 위한 정책을 수립할 때 "새천년개발목표"를 고려해야 한다는 의사를 표명했다. 그러나 "〈국제통화기금〉은 한 나라의 예산이나 거시 경제정책을 고려해 구조 조정 프로그램을 수립하지만 '새천년개발목표'에 대해서는 체계적으로 고민하지 않는다." 〈국제통화기금〉과 〈세계은행〉이 "새천년개발목표"를 고려조차 하지 않은 채 구조 조정 프로그램을 권고하는 경우도 있었다.[4] 가령 유엔의 새천년 프로젝트에 따르면 "2004년 7월 〈국제통화기금〉의 추가 자금을 지원받는 조건으로 가나는 임금 총액의 상한선을 지켜야 했다. 결국 등록 간호사나 다른 관련 공무원들에게 약속한 임금 인상을 이행하지 못하게 되었다. 따라서 가나의 보건 의료 체계는 거시 경제의 목표에 따라 좌우될 수밖에 없는 처지가 되었다."[5] 우간다는 〈국제통화기금〉이 정한 상한선을 초과했다는 이유로 〈글로벌펀드 Global Fund〉로부터 지원받기로 한 5천2백만 달러를 받지 못하게 되었다.[6] 모잠비크에서 〈클린턴재단Clinton Foundation〉은 〈국제통화기금〉을 설득해 보건 의료 부문의 고용을 금지한 조치를 일시적으로 해제시켰다.[7] 보건 의료 부문 예산만큼은 〈국제통화기금〉의 구조 조정 조건에서 제외시켜야 한다고 요구하는 목소리가 높다.

"새천년개발목표"를 달성하기 위해서는 "아래로 내려감"과 동시에 과감하게 "위로 거슬러 올라가야"■ 한다. 아래로 내려간다는 말은 경구재수화 요법을 보급해 아동이 설사병으로 사망하지 않도록 예방하는 등의 현실적인 조치를 의미한다. 그러나 문제의 근원을 뿌리 뽑지 못하면 경구재수화 요법을 보급하는 등의 현실적인 조치가 아무리 많이 이뤄진다 해도 설사병으로 고생하고 사망하는 아동이 계속 나올 수밖에 없다. 위로 거슬러 올라간다는 말은 가난한 사람들이 물을 구할 수 없는 이유와 그 대가를 치를 수밖에 없는 이유를 찾는다는 의미다. 아래로 내려가 여성에게 살균제를 나눠 주면 여성들을 에이즈 바이러스 감염으로부터 자신을 지킬 수 있다. 위로 올라가면 성에 연관된 권력 관계를 변화시킬 수 있다. 위로 거슬러 올라간다는 것은 문제의 근원을 파헤친다는 의미다.

할 수 있다

태국, 말레이시아, 스리랑카에서 가족계획 서비스는 일차 보건 의료 서비스 체계에 속해 있었다. 거기에는 조산사 교육도 포함되어 있었다. 특히 말레이시아와 스리랑카의 경우 평등을 추구하는 정책과 서비스가 시행되어 여자아이들의 교육을 강화하고 여성의 지위 전반을 강화했다. 그에 따라 출산율이 크게 떨어졌고 임산부와 아동 사망률도 줄어들었다.

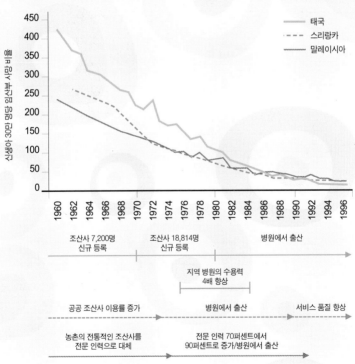

1960년대 이후 말레이시아, 스리랑카, 태국의 임산부 사망 추이

▶출처—*The World Health Report 2005*, WHO www.who.int

근본적인 해결책

'자유' 시장을 규제하는 일은 최상층으로 올라가 해결해야 하는 일 중 하나다. 평등을 추구하는 사람들은 자유 시장의 법칙을 이해하고 그 규범을 정하는 단계, 즉 〈세계무역기구〉 안에서 이뤄지는 무역협정과 지역 간 그리고 양자 간에 체결되는 "자유무역협정"에 영향을 미치려고 노력해야 한다. 〈세계은행〉이나 〈국제통화기금〉 같은 전 세계적 금융 제도와 북반구 나라들에 도전장을 던져야 한다는 말이다. 이들이 자유 시장의 원활한 작동을

■ 깊이 읽기

거슬러 오르기

유엔 "새천년개발목표"의 〈모성 건강과 아동 건강 대책 본부〉는 이렇게 말한다. "우리가 알고 있는 것과 하고 있는 것 사이의 간극, 빈곤이나 절망, 파괴를 끝장낼 수 있는 우리의 능력과 그를 위한 소극적이고 때로는 모순적인 우리의 노력 사이에 놓인 간극이 문제의 핵심이다. '새천년개발목표'가 정한 목표나 지표는 기술적이고 결과 지향적인 용어로 기술되어 있다. 그러나 기술적인 방법으로만 대응할 수는 없다. 그 목표를 달성하는 데 걸림돌이 되는 것들은 근본적으로 정치적이기 때문이다. 그 목표들은 권력과 자원 확보 및 재분배 문제와 연결된다. 그리고 이 문제는 국가적인 사안인 동시에 국제적인 사안이면서 전 세계적 지배 구조와 관련되고 가족, 세대, 지역사회라는 친근한 공간과도 관계된다. 사람들의 건강 수준, 보건 의료 체계, 보건 의료 정책의 개선을 막는 장애물을 제거하지 못한다면 '새천년개발목표'를 달성하기 어려울 것이다."

위해 부채 탕감이나 개발 원조에 '단서 조항'을 갖다 붙이는 주범이기 때문이다.

시민에 대한 책임을 다하는 강력한 국가라면 평등한 사회라는 목표를 향해 거침 없이 나아가야 한다. 보건 의료를 상품으로 취급하게 되면 "누구도 빼앗을 수 없는 권리"는 박탈되고 만다. 국가의 역할을 축소하고 불평등을 악화시키는 신자유주의적 거시 경제정책이 판치는 세상에서는 보건 의료 부문이 어려움을 겪을 수밖에 없다. 이 문제를 해결하기 위한 대안으로 신자유주의 시장경제라는 판 자체를 뒤집어야 한다고 주장하는 사람도 있고 전 세계 차원의 이익을 도모하는 방향으로 게임의 규칙을 재정립하면 된다고 생각하는 사람도 있다.

남반구 문제를 의제에 포함시켰기 때문에 '개발 협상'이라고 불린 2001년의 도하 라운드는 실행에 옮겨 보지도 못한 채 농업 관련 보조금과 수출 보조금이라는 난관 앞에서 지지부진한 상태로 남았다. 이런 장애물을 성가시게 여기는 나라들은 양자 간 협정이나 지역 간 협정으로 눈을 돌리고 있지만 양자 간 협정이나 지역 간 협정이야말로 무시무시한 일이 벌어지는 장소이자 면밀한 조사가 필요한 지점이다.

도하 라운드의 의장 격인 〈세계무역기구〉역시 반드시 개혁해야 할 대상이다. 〈세계무역기구〉를 구성하는 나라들에게 집중된 강력한 제재 수단을 분산시키고 남반구에 불이익을 주고 남반구 나라들을 이간질하는 배제 전략도 종식시켜야 한다. 협상 과정을 투명하게 만들고 〈세계무역기구〉의 조직 구조를 재구축해 책임성을 강화해야 한다. 대다수의 공공 보건 의료 정책은 "지나친 무역 장벽"이 아니라는 확인을 받기 위해 무역 관련 부처 장관들의 면밀한 검토를 거치고 있지만 무역협정이 건강에 미치는 영향에 관한 평가는 이뤄지지 않는다. 따라서 무역협정이 사람들의 건강권을 훼손하지 못하도록 보건 의료 관련 부처 장관이 협상장에 동석해야 한다고 요구하는 목소리가 점점 커지고 있다. 더 공정한 무역 규범 확립, 특정 공공재와 공공서비스를 협정 대상에서 제외시키는 일, 지적재산권 문제를 다루는 독립 기구를 설치하는 일은 〈세계무역기구〉 개혁의 출발점이 될 수 있다.

"무역관련지적재산권협정"의 대안으로 생명을 구하는 기술에 대한 연구 개발에 장려금을 주는 방법이 검토되고 있다. 인권과 노동권을 침해하는 나라에 무역 제재를 가할 수 있게 국제 무역협정에 "사회 조항social clauses"을 마련하자는 목소리도 높은데, 남반구와 북반구는 이에 대해 상이한 반응을 보이고 있다.[8] "새천년개발목표" 달성에 위해가 되는 무역협정 내용은 준수하지 않아도 된다는 면제권을 신설하는 것도 또 다른 대안으로 제시된다.

더불어 기업 규제를 지금보다 더 강화하고 기업이 사회적 책임을 다하도록 제재할 수 있는 시스템을 고안하고 구축해야 한다.

필요한 곳에 돈을 보내자

사람들의 욕구는 다양하고 서로 경쟁한다지만, 세계는 모든 사람을 가난에서 구출하고 대부분의 보건 의료 문제를 해결할 충분

건강을 결정하는 요인(다차원적 분석 틀)

개인	가정	지역사회	국가	국제사회
생물학적 문제	해당 가정이 지역 사회 내에서 차지 하는 사회·경제적 지위	발전 수준	국가 규모	전 세계적 차원의 경제 시나리오와 지배적인 경제 사상
유전		도시나 농촌이냐	인구	
연령		보건 의료 자원의 존재 여부	발전 수준	다양한 지정학적 세력 사이의 균형
교육 수준	자원에 접근할 수 있는 능력	성차나 기타 사회 규범	통치 체제	보건 의료 부문 개혁
고용 여부			보건 의료 체계 구조	
의사 결정력			글로벌 시장에 대 한 의존도	국제사회 차원의 인권 확립 여부
			보건 의료 정책의 성격	
			여성의 지위	
			보건 의료 부문 개 혁 수준	

▶출처—J. Cottingham et al, "Transforming Health Systems: Gender and Rights in Reproductive Health", WHO, 2001. 내용 일부 수정.

한 자금을 보유하고 있다. 문제는 그 돈이 필요한 곳에 가는 걸 막는 장벽이다.

몇몇 나라들의 정치적, 경제적 실패도 장애물 중 하나다. 부패하고 억압적이거나 힘이 약한 정부는 자국민을 제대로 돌보지 못한다. 부패를 다스릴 두 가지 처방이 있다. 〈민중건강운동Peopel's Health Movement〉 같은 단체는 부유한 나라의 시민들에게 "자기 나라 정부와 기업이 가난한 나라의 부패를 유지하는 데 공모하고 있지는 않은지 지속적으로 감시할 것"을 요청한다. 안타깝지만 〈세계은행〉도 파리가 미끄러질 정도로 깨끗한 것은 아니다.

남반구의 일부 나라는 부패, 끼리끼리 나눠 먹는 정치를 타파하고 〈아프리카연합〉 같은 광역 기구의 힘을 강화해야 할 필요성을 느끼고 있다. 〈민중건강운동〉은 "부패를 지속적으로 감시하고 공공에 책임을 다할 수 있는 법과 규제 마련에 더 많은 투자를 해야 한다"고 촉구한다. 이런 맥락에서 "OECD뇌물방지협약OECD Convention on Combating Bribery"과 2003년 "유엔반부패협약UN Convention Against Corruption" 체결은 부패와의 전쟁을 시작하는 데 중요한 발판을 마련했다.

세금 회피나 해외 은행으로 자본을 빼돌리는 행위는 또 다른 장애물이다. 자국의 발전에 써야 할 수십억 달러의 자금이 매년 개인의 주머니로 들어가거나 해외로 유출되어 사라지기 때문이다. 전쟁도 자원을 낭비하기는 마찬가지다. 전 세계의 군비 지출은 무려 1조 달러에 달한다. 〈옥스팜〉은 남반구 나라들이 매년 무기 구입에 사용하는 돈이면 모든 아동을 학교에 보낼 수 있고

2015년까지 5세 미만 사망률을 3분의 2 수준으로 줄일 수 있다고 주장한다. 독립 이후 내전이 일어난 모잠비크의 보건 의료 예산은 11퍼센트에서 3퍼센트로 떨어졌다. 지금도 모잠비크는 부유한 세계에서 지원받은 원조금을 '테러와의 전쟁'을 치르는 데 사용하고 있다.

남반구에서 북반구로 이동하는 자본의 흐름을 되돌리지 못한다면 남반구에는 개발을 위한 자금이 하나도 남아 있지 않게 될 것이다. 북반구 나라들이 가난한 나라에 원조금 명목으로 보낸 돈이 아무리 많다고 해도, 그 돈의 대부분은 부채 상환에 쓰이거나 불공평한 무역 조건이 유발하는 불이익을 상쇄하는 과정에서 사라진다. 또는 민간 자본 유출 현상으로 북반구로 되돌아가고, 아니면 투기적인 외국 투자자의 손에 들려 본국으로 돌아간다. 그게 아니라도 세계화된 경제의 여러 특징 때문에 자본은 북반구로 되돌아가게 마련이다. 가령 미국의 면화 보조금 때문에 면화의 시장가격이 낮아진 탓에 베넌과 말리의 국내총생산이 3퍼센트가량 줄어들었는데, 이는 두 나라가 2001년에 탕감받은 부채의 두 배가 넘는 액수다.[9] 무역 조건을 더 공정하게 바꾸는 것만으로 아프리카는 매년 1천5백억 달러를 더 벌어들일 수 있을 것이다.[10]

부채 탕감, 용서가 아닌 정의 실현

많은 나라들은 보건 의료보다 부채 상환에 더 많은 돈을 쓰고 있다. 탄자니아는 국민의 40퍼센트가 35세가 되기 전에 사망하는 형편이지만 보건 의료에 지출하는 돈보다 부채 상환에 들어가는 돈이 여섯 배나 많다. 영국의 〈아프리카위원회African Commission〉와 여러 단체들은 가난한 나라의 부채를 완전히 탕감해 주라고 촉구한다." 그래야만 남반구 나라들이 해당 자원을 "새천년개발목표"를 위한 보건 의료 지출과 개발 자금으로 사용할 수 있을 것이다. 전문가들은 부채를 6천억 달러 정도 탕감해 주면 개발도상국들이 개발 목표를 달성하는 데 큰 도움이 되리라고 전망한다. 6천억 달러는 53조에 달하는 부유한 나라들의 금융 자산 가운데 고작 1퍼센트에 불과하다.[11]

1996년 빈곤 퇴치 활동가들이 지속적으로 노력한 끝에 〈세계은행〉과 〈국제통화기금〉 그리고 채권국으로 구성된 〈파리클럽Paris

▪ 깊이 읽기

밑 빠진 독에 물 붓기

세부적인 내용이 약간씩 달라지긴 하지만 보건 의료와 관련해 자주 회자되는 이야기가 있다. 인근 강에서 익사하는 사람이 늘고 있다는 사실을 알게 된 지역사회 주민들이 있다. 그들은 엄청난 시간과 돈을 들여 최선을 다해 구조하지만 익사하는 사람들은 늘어만 갔다. 그러던 어느 날 상류에 올라갔던 주민들은 강에 뛰어들고 있는 사람들을 목격하게 된다. 유속이 빠른 강에서 생존하기만 하면 막대한 부를 거머쥘 수 있다는 약속 때문에 사람들이 계속해서 강으로 뛰어들고 있었다. 상류에서 벌어지는 일을 막지 못하면 하류에서 아무리 많은 노력을 기울인다 해도 익사자는 계속 늘어날 수밖에 없다. 보건 의료의 경우도 마찬가지다. 질병을 결정하는 요인은 상부에 있다.

Club〉이 세계 최빈 채무국의 채무 상환을 돕기 위해 "세계 최빈 채무국 부채 탕감 프로그램Highly Indebted Poor Country initiative"을 마련했다. 최근에는 이 프로그램을 이행한 국가가 일부 채무를 완전히 면제받기도 했다.

부채를 탕감받고자 하는 나라는 빈곤 감소 전략을 수립해야 한다. 다양한 사회 계층이 참여해야 하기 때문에 시민사회가 국가 정책과 개발계획에 참여할 수 있는 절호의 기회다. 얼마나 다양한 사람들이 참여하느냐에 따라 국가들도 다양한 경험을 할 수 있다. 그러나 이런 조치조차도 자유 시장경제를 표방하는 원조국, 〈국제통화기금〉, 〈세계은행〉의 지배를 받고 있기 때문에 그저 명분 쌓기에 불과하다는 의견이 많다. 구조 조정 프로그램과 마찬가지로 "세계 최빈 채무국 부채 탕감 프로그램"도 결국에는 원조를 받는 국가에 거시 경제적 차원에서 허리띠를 졸라맬 것을 요구하기 때문이다.

〈세계은행〉 산하 〈독립평가그룹Independent Evaluation Group〉은 "세계 최빈 채무국 부채 탕감 프로그램"이 경제 분야 전반에 적용되었음에도 참여국의 부채가 오히려 늘어났다는 사실을 밝혔다. 이 프로그램을 통해 부채를 탕감받은 나라들이 곧 부채 문제로 다시 골머리를 앓게 된다는 사실도 무시 못할 문제다.[12]

"세계 최빈 채무국 부채 탕감 프로그램"이 요구하는 거시 경제적 차원의 긴축에는 공공 지출을 제한해야 한다는 조건이 포함돼 있다. 때문에 참여국들은 "새천년개발목표"를 달성하기 어려운 처지에 빠져 버린다. 게다가 빈곤 감소 전략 수립 절차는 이제

"세계 최빈 채무국 부채 탕감 프로그램"에 참여하기 위한 조건을 넘어 해외 개발 원조를 받기 위한 조건으로도 자리 잡아 가고 있는 것이 현실이다.

솔직히 부채를 "탕감해 준다"는 말은 적절한 표현이 아니다. 많은 부채가 과거 독재 권력을 휘두르던 독재자의 부패나 그런 사실을 알면서도 자금을 빌려 준 은행의 '추악함'에서 생겨났기 때문이다. 따라서 아직 멀쩡히 살아 있는 독재자들은 그동안 부정하게 축재한 돈을 모두 토해 내야 하고 독재자와 결탁한 빚쟁이들은 악성 부채의 원금과 이자를 포기해야 한다. 이는 당연한 일이지 시혜가 아니다. 그러므로 개별 부채에 대한 판단은 개별적으로 이뤄져야 한다.

부채 탕감을 계기로 생겨난 자금은 해당국에 유익한 방향으로 사용되고 있다. 〈원조행동ActionAid〉에 따르면 모잠비크는 모든 아동에게 무료 예방접종을 시행할 수 있게 되었고 잠비아는 농촌 지역에 보건 의료 체계를 구축할 수 있었다.

낯선 이가 베푸는 친절

부채 탕감과 더불어 원조국의 원조 규모도 확대할 필요가 있다. 원조국은 자국 국내총생산의 0.7퍼센트를 남반구에 원조하겠다고 약속했다. 그러나 덴마크, 노르웨이, 스웨덴, 룩셈부르크, 네덜란드만이 약속을 지켰고 그 밖에 다른 나라들은 원조 규모를 사실상 줄이고 있는 실정이다. 분석가들은 국내총생산의 0.7퍼센트라고 약속한 원조 규모를 충족시키려면 캐나다의 경우 국민 한 사람당 1주일에 빅맥 1개, 미국의 경우 1.5개 값 정도만 더 원조하면 된다고 말한다. ▪13)

해마다 산업 선진국에서 지원하는 해외 개발 원조 중 100억 달러가 보건 의료 분야에 쓰인다. 얼핏 보면 많은 금액 같지만, 〈메드액트Medact〉에 따르면 그 액수는 유럽에서 소비되는 1년치 아이스크림 값밖에 되지 않는다.14)

해외 개발 원조 금액은 매년 8백억 달러에 달하지만 2005년 〈원조행동〉은 그 중 3분의 1만이 빈곤을 줄일 목적으로 제공된 '진짜' 원조였다고 계산했다. 나머지 3분의 2는 원조국이 국제 자문기관에 지급하는 자금을 포함한 '가짜' 원조다. 2002년에는 원조금 중 5천억 달러에서 7천억 달러 정도를 캄보디아에 있는 740여 국제 자문기관이 챙겼다. 이는 캄보디아의 16만 공무원들이

▪ 깊이 읽기

일주일에 햄버거 하나, 하나 반

'빅맥 지수'를 통해 원조국이 지출해야 하는 원조 비용을 알아보자. 2007년 미국의 빅맥 가격은 3.22 달러이고 여기서 하나 반 가격을 원조해야 한다고 치면 4.83 달러가 된다. 그러므로 미국인은 1인당 일주일에 4.83달러, 일 년에는 251.16달러 정도를 원조해야 하는 것이다. 마찬가지로 캐나다의 2007년 빅맥 가격은 3.63 달러이므로 일주일에 빅맥 하나 가격을 원조한다고 했을 때, 일 년에는 188.76 달러 정도를 원조금으로 지출해야 한다. 그 정도 금액이면 점심 뒤 사먹는 커피 한 잔 값이다. 옮긴이

받는 임금 총액과 맞먹는다.[15] 유럽연합 회원국 가운데 원조국의 상품과 서비스를 구매하는 나라에만 원조를 한다는 조건을 철폐한 나라는 영국과 아일랜드뿐이었다.

많은 원조국들은 부채를 탕감해 주면서 탕감한 부채액을 자기들이 제공하는 해외 개발 원조 자금에 포함시킨다. 그러므로 실제 원조금 액수는 발표된 것보다 적은 셈이다. 이런 금액 또한 '가짜 원조'로 분류되며 그 액수는 2000년에서 2003년 사이 아프리카에 제공된 원조 총액의 19퍼센트에 달했다.[16]

원조는 양날의 칼이다. 원조가 절실히 필요한 것은 틀림없지만 수혜국이 원조국에게 지나치게 의존하거나 원조국이 수혜국에게 영향력을 행사할 위험이 있다. 원조금이 공공 보건 의료 부문이나 국가의 개발 정책에 연계되지 않거나 위에서 아래로 내려가는 하향식 의사 결정 방식을 강화한다는 지적도 있다. 이 문제를 해결하려고 나선 원조국들도 있다.

원조국은 원조금에 일련의 조건을 갖다 붙인다. 이념을 조건으로 내거는 원조국도 있다. 가령 에이즈 기금을 후원한 미국은 낙태를 용인하는 사업이나 성 노동자를 돕는 사업에는 자금을 지원하지 않는다.

시장 자유화를 조건으로 건 원조도 있다. 이 경우에는 원조국의 전문가를 활용하고 원조국의 상품을 구입하는 등, 원조국의 상업적 이익을 극대화하는 방식으로 원조가 이뤄진다. 1980년대 초 모잠비크는 대부분의 원조를 의약품으로 받는 대신 필수 의약품을 무상으로 지급하던 세계적으로 존경받던 보건 의료 체계를 포기해야 했다. 원조국들은 자국에서 생산한 상품으로 원조를 제공해야 한다고 주장한다. 지급된 의약품의 유통기한이 지난 경우도 있었고 필수 의약품이 아닌 의약품을 원조하는 경우도 있었다. 외국어로 된 사용 설명서가 끼워져 있기도 했고 심한 경우에는 위험성 때문에 다른 나라에서는 사용이 금지된 의약품이 제공되기도 했다.[17]

최근 원조국은 보건 의료 관련 원조의 대부분을 지배하는 민관 협력 사업을 내세워 직접적인 부담을 줄이고 있다. 민관 협력 사업은 여러 요인들로 그 가치를 의심받고 있지만 보건 의료 관련 원조에 있어 중심적인 역할을 하는 행위자임은 부인할 수 없는 사실이다. 많은 사람들에게 민관 협력 사업은 개발의 중요한 도구다. 특히 보건 의료 기술을 보편적으로 사용하는 데 크게 공헌한 것으로 평가된다. 그러나 민관 협력 사업은 책임감이 부족하다는 점, 이해관계에 따라 갈등이 유발될 수 있다는 점, 보건 의료 문제를 해결할 통합적이고 체계적인 해결책에 투입될 자원을 빼갈 수 있다는 점 때문에 비판받아 왔다. 3장에서 보았듯이 사람들은 〈빌앤멜린다게이츠재단Bill and Melinda Gates Foundation〉 같은 자선 단체들이 막대한 원조금을 지원하게 되면서 민관 협력 사업이 전 세계 보건 의료 의제를 왜곡할 가능성이 있다고 우려한다.

효과적인 원조가 이뤄지도록 하는 일반 원칙이 있다. 우선 원조는 반드시 장기간에 걸쳐 이뤄져야 하고 보건 의료 분야의 계획을 더 현실적으로 바꾸는 데 기여해야 한다. 원조는 수혜국의 의견을 우선 반영해 이뤄져야 하며 원조국이 원조 조건을 붙여서는 안 된다. 또한 자금을 집행할 때는 책임감과 투명성이 보장되어야 한다. 되도록 지역 인력을 활용해 원조금을 집행하며 인력이 부족할 경우에는 인력을 양성할 수 있는 기반을 확충해야 한다.

보건 의료 예산을 늘려야 한다

많은 나라의 공공 보건 의료 부문이 붕괴의 기로에 서 있다는 사실은 '상층부'에 주목해야 하는 또 다른 이유다. 자원이 부족하고 수준도 낮은 무책임한 서비스는 환자나 보건 의료 분야 종사자 모두에게 아무런 도움이 되지 않는다. 이 위기를 몰고 온 주범은 시장 지향적 보건 의료 개혁이다. 경제 자유화는 국가의 힘을 약화시키고 민간 부문에 대한 규제를 철폐한다. 그러나 일차 보건 의료를 강조하는 강력한 공공 보건 의료는 "새천년개발목표"를 달성하는 데 꼭 필요한 수단이다.

기본적인 보건 의료 서비스를 제공하기 위해 필요한 비용은 일인당 연간 34달러에서 60달러 사이로 추정된다. 대부분의 제3세계 국가에서는 가난한 사람들도 의료 비용을 부담해야 하며 그 비용은 보통 1달러에서 10달러 사이다. 많은 나라에서 보건 의료 비용은 가계 예산에서 큰 비중을 차지한다. 〈세계보건기구〉에 따르면 중병이 들어 빈곤의 나락으로 떨어진 사람은 매년 1억 명 가량이다. 〈옥스팜〉은 인구의 60퍼센트가 한 달 동안 18달러도 안 되는 돈으로 생활하는 잠비아에서 폐렴 진료를 받는 데 드는 비용이 1회 진료당 8달러에서 10달러라고 보고했다.

보건 의료 비용은 다음의 세 가지 경로로 충당된다. 먼저 정부는 세금을 걷고 모든 직장인을 의료보험에 의무적으로 가입시켜 보험금을 받는다. 개인은 선불 방식의 민간 보험을 들거나 의료 비용을 직접 부담하고 원조국은 기부금을 준다. 보건 의료 체계는 수익을 창출할 능력과 효율적이고 평등하게 보건 의료 서비스를 전달할 역량을 기준으로 평가받는다. 대부분의 가난한 나라에서 시행되는 본인 부담금에 대해서는 찬반양론이 분분하다. 그러나 본인 부담금은 가장 바람직하지 않은 제도로 반드시 폐지되어야 한다. 보편적 보건 의료 서비스를 성공리에 운영하는 나라들은 부유한 사람이 가난한 사람에게 보조금을 지급하는 형식이 되도록 세금 구조를 짜고, 건강한 사람이 아픈 사람을 돕는 형태가 되도록 모든 보건 의료 서비스를 하나로 통합해 운영한다. 예를 들어 스리랑카는 공적 기금을 조성해 보건 의료 서비스 체계를 구축한 뒤 서비스를 무료로 이용할 수 있게 해 성공적으로 운영하고 있다.

각 나라들은 보건 의료 예산을 지금보다 더 많이 책정해야 한다. 세금을 걷어 보건 의료 부문에 예산을 더 많이 배정하기 시작한 나라들도 있다. 2001년 아부자에서 〈아프리카연합〉 회의에 모인 53개 아프리카 나라 대표들은 적어도 정부 예산의 15퍼센트를 보건 의료에 배정하기로 약속했다. 그러나 아직까지 실천에 옮기지는 못하고 있다.

『글로벌 헬스 워치』는 적어도 국내총생산의 20퍼센트를 세금으로 걷어야 하고 정부와 원조국이 수립하는 공공 보건 의료 예산을 적어도 국내총생산의 5퍼센트까지 상향 조정해야 한다고 주장한다. 그러나 해외 개발 원조가 늘어나고 부채 탕감 규모가 커지더라도 그 자금이 정부의 금고로 안정적으로 들어가게 할 시스템이 필요하다. 대다수 제3세계 나라들은 관세를 세금 수입의 원천으로 삼고 있다. 그러나 무역 자유화로 세금을 거둬 들일 기반이 약화되었다. 외국인 투자를 유치하기 위해 세금을 낮춰 경쟁력을 갖추려는 노력 역시 같은 결과를 낳았다.[18] 경제 환경과 정치 환경을 바꿔야만 여러 나라의 정부들이 더 많은 자원을 자국 발전을 위해 쓸 수 있게 될 것이다.

예산을 마련할 다른 방안으로는 국제통화 거래세, 비행세, 환경세, 무기 거래세를 부과하는 방안이 있다. 그 밖에 군비를 축소해 그 자금을 활용하는 방법도 있다. 이렇게 마련된 세수는 나라의 발전을 위해 사용될 것이고 부를 재분배하는 효과도 나타날 것이다. 그러나 이런 일을 실행에 옮기려는 의지는 아직 보이지 않는다.

전문 인력의 유출

공공 보건 의료 부문에 전문 인력이 부족한 것은 투자가 제대로 이뤄지지 않은 탓도 있다. 상당수의 보건 의료 전문 인력이 돈을 많이 벌 수 있는 민간 부문으로 이동한다. 노동시장이 자유화된 뒤부터는 북반구로 떠나는 인력도 늘었다. 보건 의료 전문 인력은 전 세계적으로 4백만 명 가량 부족한 실정이다. 라틴아메리카와 사하라 이남 아프리카의 인력난은 특히 심각하다. 〈세계보건기구〉는 인구 천 명당 의사 한 명을 기준으로 제시하는데, 영국은 인구 400명당 한 명꼴인 반면 말라위는 7만 5천 명당 한 명꼴이다.[19]

보건 의료 전문 인력 중 많은 수가 전쟁과 열악한 노동조건을 피해 떠난다. 남반구에서는 누릴 수 없는 좋은 조건에서 연구 활동을 하고 싶어서 떠나는 경우도 있고 더 나은 훈련을 받아 전문성을 높이려고 떠나는 경우도 있다. 악순환의 연속이다. 가뜩이나 보건 의료 체계가 열악한 상황에서 전문 인력마저 유출되면 서비스 수준은 더 떨어질 수밖에 없다. 특히 중동, 영국, 북아메리카 등이 전 세계를 무대로 의료 인력 모시기에 열을 올리고 있는데, 이들은 남반구의 전문 의료 인력이 도저히 거절할 수 없는 높은 연봉과 좋은 근무 조건을 제시한다. 매년 15퍼센트에서 40퍼센트나 되는 전문 의료 인력이 유출되는 나라도 있다. 가령 오늘날 워싱턴 D.C.에서 근무하는 에티오피아 출신 의사들이 에티오피아의 전체 의사 수보다 많을 정도다. 영국 보건 의료 체계에 진입하는 간호사의 40퍼센트 이상, 의사의 30퍼센트 이상이 해외에서 교육받은 사람들이다. 해외에서 인력을 유치한 결과 부유한 나라들은 평균 18만 4천 달러의 교육 비용을 절감하게 되었지만 남반구는 매년 5억 달러를 들여 보건 의료 전문 인력을 양성해야 하는 형편이다.[20] 남반구가 보건 의료 전문 인력 양성에 들이는 5억 달러는 남반구 보건 의료 분야에 배정된 해외 개발 원조 자금의 25퍼센트에 달한다.[21]

각국 정부는 양자 간 무역협정을 통해 해외 인력 모시기 경쟁을 완화하고 전문 보건 의료 인력 유출이라는 참담한 상황을 규제하며 상호 호혜적인 관계를 강화하려고 애쓰고 있다. 그러나 인적 자원을 더 잘 관리하고 충분한 임금을 지급하며 근무 조건을 개선하지 못한다면 남반구의 전문 인력이 북반구로 이탈하는 현상은 끊이지 않을 것이다. 게다가 안타깝게도 에이즈나 기타 전염성 질환에 걸려 사망하는 보건 의료 노동자도 많다.

지역과 시민사회의 참여가 절실하다

민간 부문의 입맛에 맞게 국가의 권한을 축소하는 거시 경제적 개혁은 제3세계 나라들에 많은 손해를 입혔다. 힘이 약해진 국가는 자국 경제를 성장시키는 데 필요한 인프라와 서비스를 제공할 수 없고 평등 지향적인 정책을 마련할 수도 없다. 부패를 퇴치할 수도 없고 국가가 제공하던 서비스를 민간 부문에 이양했을 경우에는 서비스 품질을 규제하거나 보장할 수도 없다. 무책임한 산업을 규제할 수도 없고 민간 부문이 공익을 위해 책임을 다하도록 강제할 수도 없다. 보건 의료 부문이 파편화되어 공익에 해를 미치는 상황도 그저 바라보는 수밖에 없다.

국가는 자국의 발전 의제를 스스로 결정할 수 없을 만큼 심하게 권한을 침해받고 있다. 한 나라의 발전 의제는 앞으로도 계속 국제 원조 기관과 원조국들, 국제 금융기관이나 국가의 권한이 사라지기를 바라는 세계화된 경제의 뜻에 따라 좌우될 것이다.

출세하기 위해 떠나다

남반구에서 3백만 명에 달하는 보건 의료 노동자를 충원하지 못한다면 대부분의 서구 국가와 오스트랄라시아*의 병원과 치료소는 기능을 멈추게 될 것이다. 어이없게도 이와 같은 전문 인력 유출로 남반구의 보건 의료 서비스가 제기능을 못하고 있다.

보건 의료비 지출 수준과 질병 부담 수준에 따른 보건 의료 노동자 분포
(〈세계보건기구〉 지역 분류에 따름)

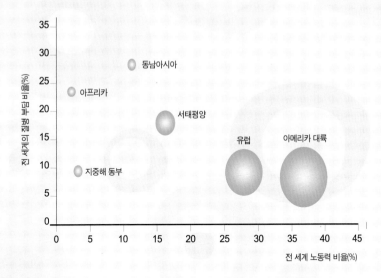

▶출처—"Working Together for Health", *The World Health Report* 2006, WHO www.who.int

---

* Australasia, 오스트레일리아, 뉴질랜드, 서남 태평양 제도를 포함하는 지역. 옮긴이

권한이 약화된 국가는 모든 시민의 권리를 지켜 주겠다는 약속을 이행할 수 없다. 그런 약속은 국가에 통치 권한이 있을 때나 지킬 수 있는 것이기 때문이다.

비정부기구 역시 정부의 발전 의제에 영향을 주고 있는데, 그들은 지역사회에 개입할 정부 역량을 강화하기도 했지만 훼손하기도 했다. 책임감이 부족하고 후원 기관의 입맛에 맞게 나라의 발전 의제를 설정하려고 하는 비정부기구도 없지는 않기 때문이다. 그러나 많은 나라에서 비정부기구는 공공서비스를 지켜 내는 방파제로 기능하며 감시자라는 중요한 역할을 수행한다. 풀뿌리 활동가와 비정부기구, 학계에 이르기까지, 모두를 아우르는 강력한 시민사회는 정부가 책임감을 가지고 직무를 완수하도록 만드는 데 필수적이다.

국가가 정책과 전략을 제대로 수립하고 제대로 이행하려면 수립 단계에서부터 이행 단계에 이르는 모든 단계에서 풀뿌리 참여가 매우 중요하다. 또한 지역사회는 그런 활동에 참여하는 주체들이 책임감을 가질 수 있도록 강력한 힘을 발휘한다. 그리고 바로 이러한 정서가 "알마아타선언"을 뒷받침하고 있었다. 그러나 10여 년이 지난 지금까지 "행동으로 이어지는" 진정한 참여가 무엇인지에 대한 논쟁이 뜨겁다. 불평등이 매우 심한 지역사회에서는 분명 힘 있는 자들이 보건 의료 부문을 더 많이 장악하고 있다. 어쩌면 그런 상황이 고착될 수도 있을 것이다. 그런 경우 보건 의료 부문은 지역사회를 구성하는 다수보다는 기득권층의 이해에 부응하는 경향이 있다.[22] 특히 여성은 보건 의료의 혜택을 거의 받지 못하며 아예 보건 의료 체계의 바깥으로 밀려나 있을 때도 많다.▪ 그러나 지역사회의 참여와 평등을 강조하는 알마 아타의 이상은 이 사회를 변화시킬 힘을 지니고 있다. 어떤 거센 도전을 받더라도 반드시 지켜내야 할 소중한 가치인 것이다.

보건 의료가 다양한 형태의 불평등으로 힘을 잃어 가는 오늘날, 정치 '참여'의 가치가 다시 부각되고 있다. 활동가들은 지역사회의 참여를 강화해 집합적인 사회운동을 발전시켜 나가야 한

▪ 깊이 읽기

성차별 철폐를 위한 우선 과제

유엔 "새천년개발목표" 산하 〈교육과양성평등대책본부〉는 새천년개발목표 중 '성 평등과 여성 능력의 고양'을 달성하는 데 필요한 일곱 가지 우선 과제를 선정했는데, 이 우선 과제들은 나머지 개발 목표를 달성하는 데도 기여할 것이다.

1. 여자아이를 위한 보편적 초등교육 확립과 중등 교육 기회 강화
2. 여성의 성과 출산에 관련된 건강과 권리 보장
3. 운송, 물과 위생, 에너지 등의 인프라에 투자해 가사 노동에 들어가는 시간을 줄임으로써 여자아이의 배울 시간 확보 및 성인 여성의 근로 소득 향상.
4. 여성과 여자아이의 재산권과 상속권 보장
5. 여성을 대상으로 하는 비공식적 고용을 근절하고 남성과 여성 사이의 소득 격차나 직종 분리 현상을 없애 고용 평등 달성
6. 여성 의원을 늘리고 지방정부에서 일하는 여성 인력 확대
7. 여성과 여자아이에 대한 폭력 근절

다고 주장한다. 그렇게 될 때 진정한 '전환'이 눈앞에 모습을 드러낼 것이다.

전 세계적 거버넌스의 복원

도덕이라는 나침반을 잃고 표류하는 세계를 누가 다시 제 궤도에 올려놓을 수 있을까? 우리에게는 세계의 주인이 아니라 세계의 양심으로 기능하는 전 세계적 거버넌스가 필요하다. 〈국제통화기금〉이나 〈세계은행〉을 예로 들면서 이미 그런 체제가 작동하고 있으며 이대로 계속 가면 된다고 말하는 사람이 많지만 〈국제통화기금〉이나 〈세계은행〉이 자금 지원 조건을 설정하는 등의 전 세계적인 의제를 수립하는 일에서 손을 떼고 본래의 기능으로 돌아가야 한다고 보는 사람들도 있다. 이런 사람들은 〈국제통화기금〉이나 〈세계은행〉의 투표 규정을 더 민주적으로 바꿔 공공의 이익을 대표할 수 있는 사람들로 지도부를 채워야 한다고 말한다. 지금까지는 항상 미국에서 대표자가 나왔기 때문이다.

〈남부아프리카개발공동체Southern African Development Community〉, 〈아프리카연합〉 같은 지역 단위 정치기구의 역량 강화는 세계화의 비용과 혜택을 좀 더 고르게 나눌 분배 체계를 구축하기 위한 선결 조건이다. 인권 재판소는 임무를 맡은 사람들이 좀 더 책임을 갖게 할 것이다.

우리의 대응

현재의 추세대로라면 아프리카 대륙에 위치한 세계에서 가장 빈곤한 나라 대부
분은 "새천년개발목표"를 달성할 수 없다.

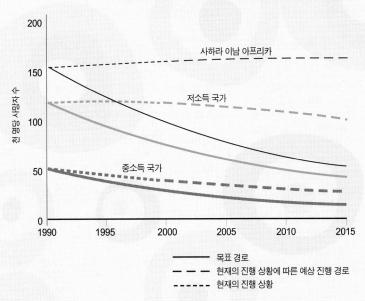

네 번째 목표인 아동 사망률 감소를 향해

사하라 이남 아프리카 지역과 그 나머지 세계의 중저소득 국가의 5세 미만 사망
률 감소 추이를 비교했다. 굵은 선은 목표 경로를, 점선은 지금까지의 진행 상황
을, 굵은 점선은 현재의 진행 상황을 반영한 예상 경로를 의미한다.

▶출처—L. Dare, E. Buch, "The Future of Health Care in Africa" *BMJ* 2005; 331: 1-2(2 July)

유엔을 개혁해야 한다는 말에 반대할 사람은 많지 않을 것이다. 자원이 부족한 데다 임의로 주어지는 지원금에 점점 더 많이 의존하게 된 유엔은 힘 있는 세력에 휘둘리기 쉽다. 때로는 일개 행위자로 전락해 거의 아무런 힘을 발휘하지 못하기도 한다. 미국은 안전보장이사회에서 자국의 이해관계가 걸린 사안이 다뤄질 때, 유엔을 입맛에 맞게 요리할 목적으로 회원국들에게 지원하는 원조 규모를 170퍼센트 늘리고 유엔에 대한 지원금을 53퍼센트 늘렸다는 연구 결과도 있다.[23]

●안전보장이사회UN Security Council―1945년 설립되었으며 분쟁의 평화적 해결 및 평화를 위협하는 파괴나 침략 행위를 저지하는 것을 목표로 한다. 정세에 개입해 경제적이고 군사적인 제재를 가할 권한이 있다. 미국, 중국, 프랑스, 러시아연방, 영국이 참여하는 5개 상임이사국과 10개 비상임이사국이 있다. 상임이사국은 임기에 제한이 없지만 비상임이사국은 2년의 임기만 보장된다. 우리나라는 1996년부터 1997년까지 비상임이사국으로 참여했다. 옮긴이

세계라는 무대에서 〈세계보건기구〉가 운신할 폭도 점점 좁아지고 있는 형편이다. 유엔 산하 〈세계보건기구〉는 지나친 관료화, 전문 의료진 위주로 구성된 인력 체계 등의 문제로 많은 비판을 받는다. 또한 지나치게 "질병에만 주안점을 두고 말만 앞선다"거나 "무능하다"는 비판도 받는다. 부유한 나라는 민간 부문에 혜택을 주기 위한 목적에서 자금을 지원하기도 하는데, 〈세계보건기구〉가 이들 나라의 눈치를 보는 데다가 주로 "워싱턴을 위해 봉사한다"는 비판도 있다.

쏟아지는 비판을 이기지 못한 〈세계보건기구〉는 지배적인 이

권에 맞서 의미 있는 사업들을 추진해 왔다. "모유대체식품에관한국제규약International Code of Marketing of Breastmilk Substitutes"과 "담배규제기본협약"은 [분유와 담배라는] 두 가지 대형 다국적 사업에 맞서 이뤄낸 성과다. 또한 "알마아타선언"이 밝힌 이상은 공공 보건 의료의 역사에 한 획을 긋는 사건이었다. 〈세계보건기구〉가 이뤄낸 눈부신 성과는 그 밖에도 더 있다.

그러나 〈세계은행〉과 〈국제통화기금〉이 보건 의료 부문을 시장 지향적으로 개혁해 재난에 가까운 결과가 나타났음에도 〈세계보건기구〉가 침묵으로 일관했고, 자신이 선언한 일차 보건 의료의 이상을 훼손하는 선택적이고 수직적인 보건 의료 개입 방식을 지지해 지금껏 쌓아온 명성을 다 잃어 버렸다는 비판도 만만치 않게 들린다. 〈세계보건기구〉는 〈세계은행〉, 〈국제통화기금〉, 〈세계무역기구〉같이 자원을 더 많이 가진 힘 있는 행위자들에게 지배당하기 때문에 보건 의료 의제를 형성할 역량이 없다는 말도 들린다.[24]

〈세계보건기구〉는 투명성이 부족하고 책임감도 없다는 비판을 많이 받는다. "알마아타선언"에서 [지역사회와 개인의 참여를 중요시하는] '포함' 원칙이 채택되었음에도 실제 기구는 무기명 비밀 투표로 운영돼 공공이 참여할 여지가 없다. 이사회 역시 160개 회원국을 배제하기는 마찬가지다.

〈민중건강운동〉 같은 시민사회 조직은 유엔을 전면적으로 개혁해 "가장 힘없는 사람들의 이익을 대변하도록" 만들고 〈세계보건기구〉에 대한 자금 지원을 확대하며 의료진과 기술 관료들을 배제한 과감한 인력 확충이 필요하다고 요구한다.

원해서인가, 거부하지 않기 때문인가?[25]

전 세계 곳곳에서 사회정의와 경제 정의를 실현하기 위한 투쟁이 벌어지고 있다. 각자가 내건 기치는 조금씩 달라도 모두 한 목소리로 "모든 인류에게 건강"을 부르짖고 있다. 정치적 억압이 있는 곳은 언제나 보건 의료 환경이 열악했기 때문에 자유화 투쟁이 보건 의료 개혁을 발판 삼아 전개되어 온 것도 무리가 아니다. 역사적으로 보건 의료 체계의 향상은 투쟁을 통해 가능했으며 21세기에도 다르지 않다. 그리고 그 사실은 앞으로도 변하지 않을 것이다.

● "원해서인가, 거부하지 않기 때문인가?"—무함마드 유누스Muhammad Yunus(방글라데시 〈그라민 은행Grameen Bank〉 설립자, 노벨 평화상 수상자)의 말이다.

● 메스티소mestizo—중남미 토착민인 인디오와 에스파냐계, 포르투갈계 사이의 혼혈. 옮긴이

보건 의료와 정치적 행동 사이의 관계를 보여 주는 사건은 지난 몇 세기의 역사에서도 많이 찾아볼 수 있다. 18세기에 식민 통치를 받던 에콰도르의 메스티소 출신 의사 에우헤니오 에스페호Eugenio Espejo는 사람들의 생활 조건과 천연두 사이에 모종의 관계가 있다는 사실을 밝혀냈다. 에우헤니오 에스페호는 의료 활동을 펴는 동시에 에콰도르의 사회적·정치적·경제적 변화를 이루기 위한 투쟁에 나섰다. 이와 비슷하게 19세기 독일인 의사 루돌프 피르호도 질병과 생활환경 사이의 연관성을 밝혔다. 프러시아 정부의 요청에 따라 실레지아 지방에 발병한 티푸스를 조사한 루돌프 피르호는 정부에 무상 교육제도를 시행하고 경제

개혁을 단행하라고 조언했다. 그러한 신념은 1848년 혁명에 많은 영향을 주었고, 루돌프 피르호 자신도 이 혁명에 직접 참여했다.

20세기에는 루돌프 피르호의 추종자들이 라틴아메리카로 건너가 많은 사람들에게 영향을 준다. 라틴아메리카 '사회 개혁'의 싹을 틔운 것이다. 1950년대에 시작된 '라틴아메리카 사회 의학' 운동의 뿌리도 루돌프 피르호에서 찾을 수 있다.

고인이 된 칠레 대통령 살바도르 아옌데Salvador Allende도 루돌프 피르호의 사상에 깊은 영향을 받았다. 공공 보건 의료 운동은 파시즘에 맞서 싸우는 과정에서 발발한 스페인 내전의 일환으로 등장했지만, 아옌데 대통령 말고도 많은 라틴아메리카 사람들이 피르호의 사상에 영향을 받았다. 아옌데 대통령은 전 국민이 서비스를 받을 수 있는 보편적 보건 의료 프로그램을 형성하고 그것을 사회·경제적 개혁에 연계시키는 데 크게 기여했다.

적극적인 행동에 나서다

칠레 및 라틴아메리카의 여러 나라 사람들이 보건 의료 서비스를 개혁하기 위해 가장 먼저 일으킨 사회적 행동은 노동자들의

루돌프 피르호Rudolph Virchow, 1821~1902

프러시아의 의학자로 세포병리학을 통해 현대 의학을 정립한 것으로 잘 알려져 있다. 인체를 구성하는 기본 단위인 '세포'를 발견하고 이해하게 되면서 질병의 원인을 이전 시기보다 구체화할 수 있게 됐다. 그러나 그가 '세포'라는 미시 단위로 모든 질병을 환원시킨 것은 아니다. 그는 오히려 세포들이 맺고 있는 관계를 시민과 국가 사이의 관계로 파악하면서 '사회의학'이라는 전혀 다른 거시 세계로 발걸음을 내딛었다. 그는 의학을 생물학적 차원만이 아니라 사회적이고 정치학적 차원에서 보고자 했다. 그에게 정치는 바로 의료 행위였다. 옮긴이

단체 행동이었다. 노동자들이야말로 빈곤과 열악한 노동조건이 건강에 끼치는 악영향을 매일같이 경험하던 사람들이기 때문이다. 한편 보건 의료 개혁은 쿠바 혁명과 떼려야 뗄 수 없는 것이었다. 체 게바라Che Guevara는 돈을 많이 벌 수 있는 근사한 의사로서의 성공을 버리고 질병의 근본 원인을 치료하기 위해 혁명에 몸을 던졌다. 체 게바라는 보건 의료 노동자들에게 의료 행위는 사회적 뿌리를 가지고 있으며 보건 의료 서비스의 수준을 높이기 위해서는 체계적인 변화가 필요하다는 사실을 역설했다.[26] 혁명 이후 이뤄진 보건 의료 부문 개혁에 대해서는 논란의 여지가 있지만, 1979년 니카라과 혁명에서도 보건 의료 체계 개혁을 향한 투쟁이 빠지지 않았다. 라틴아메리카의 많은 보건 의료 노동자들은 사회정의를 이루는 중요한 수단으로 보건 의료를 내세웠던 '해방 신학 운동'에 적극 동참했다. 보건 의료 개혁 운동과 사회 운동이 결합하는 현상은 전 세계 곳곳에서 나타났다. 브라질 교육자 파울로 프레이리도 큰 영향을 미쳤다. 억압받는 사람들의 비판 의식을 고취시키는 프레이리의 교육 방법론은 이후 보건 의료 개혁 운동에도 영향을 주었다. 남아프리카공화국에서는 라틴아메리카와 아프리카의 초창기 해방 운동 및 사회 개혁 운동에서 영감을 받은 보건 의료 노동자들이 반反아파르트헤이트 투쟁의 중심에 섰다. 이와 같이 보

● 해방 신학 운동—1960년대 말 라틴아메리카의 로마 가톨릭 교회를 중심으로 일어난 운동. 교회가 억압받는 자들을 위해 사회운동에 적극 참여해야 한다고 주장했다. 열 명에서 서른 명 정도로 구성된 지역 교회는 물, 하수도, 전기 설비 같은 필수적인 사회 서비스를 제공하기 위해 노력했다. 옮긴이

건 의료는 매우 정치적인 사안인 데다가 갈등의 중심에 있는 사안이므로 니카라과에서 모잠비크에 이르는 여러 나라의 보건 의료 노동자들은 자신들이 구축하고자 했던 보건 의료 체계와 마찬가지로 탄압의 표적이 되었다.

산업화된 나라에서도 20세기 초반에 일어난 사회적 행동과 노동운동이 사회·경제적 조건을 향상시키고 보건 의료의 수준을 향상시키는 데 크게 기여했다. 여성운동 역시 성차별에 대한 전 세계적인 관심을 불러일으키는 데 성공했다.

시민사회 활동가들은 학자, 과학자와 더불어 사회 변화를 이끄는 중심 세력이다. 시민사회 활동가들은 에이즈 치료제인 항레트로 바이러스를 누구나 쓸 수 있어야 하다고 정부를 압박했고 대형 제약 회사에 맞서면서 〈세계무역기구〉가 설정하는 의제에도 영향력을 행사했다. 〈세계보건기구〉도 "담배규제기본협약"을 체결해 시행하도록 지원하는 등, 보건 의료 체계를 개혁하는 길로 나아가고 있다. 환경 단체는 기후변화와 지속 가능한 개발을 전 세계적 의제로 상정했다. 세계 각지에서 토지 없는 사람들이 일으킨 운동도 개혁을 요구하고 있다. 빈곤 퇴치 연대는 부채 위기에 주목해 왔다. 억압적인 정권을 무너뜨리고 선거를 통해 더 나

파울로 프레이리Paulo Freire, 1921~1997

브라질의 교육자이자 교육사상가. 교육의 궁극적 목표가 '인간 해방'에 있다고 설파하며 특히 제3세계 민중 교육, 문맹 퇴치에 앞장섰다. 피억압 민중 스스로 사회적으로, 정치적으로 각성하게 만드는 것이 교육이며, 이를 위해 민중 스스로 자신의 생각을 표현할 수 있게 돕는 것이 중요하다고 말했다. 1993년 노벨상 후보에 올랐다. 그의 교육 철학은 1970년 출간된 『페다고지Pedagogy of the Oppressed』에 잘 나타나 있다. 옮긴이

은 정부를 구성하기 위한 단체 행동도 이어졌다.

지역사회에서는 부모들이 연대해 패스트푸드 산업이 학교에 들어오지 못하도록 규제하기 위해 애쓰고 있다. 지역사회가 단결해 학교 근처에서 주류 관련 광고를 금지하는 처분을 받아 내는가 하면 영국 소비자들은 유전자 조작 식품 판매를 막아 냈다. 전세계적으로 수천에 달하는 풀뿌리 조직들이 지역 수준에서 변화를 이끌어 내기 위해 부단히 노력하고 있다.

2000년 설립된 〈민중건강운동〉은 보건 의료 노동자들과 함께 "모든 인류에게 건강"을 선사한다는 목표를 핵심 과제로 설정했다. 〈민중건강운동〉이 제정한 "민중건강헌장"은 "알마아타선언" 이후 가장 폭넓은 지지를 받는 보건 의료 관련 문서가 되었다.

활동가들이 연대해 더 큰 목소리로 힘 있는 자들에게 도전할 때 "모든 인류에게 건강"을 선사한다는 목표도 성과를 보일 것이다. '연계성'은 세계화가 가져온 긍정적인 변화다. 덕분에 1999년 5만 명의 시위대가 시애틀의 〈세계무역기구〉 회의장 밖에 모여 반인권적인 세계의 경제 질서에 맞서 항의할 수 있었다. 오늘날에는 전 세계 사람들이 연합해 세계적 규모로 운동이 전개되기도 한다. '세계 사회 포럼'이 그런 경우다. 포럼이 구성되면서 사회정의와 경제 정의에 대한 관심도 커졌다.

지배적인 거시 경제 질서가 이처럼 견고한 상황에서 거기에 도전한다는 것은

●**세계 사회 포럼**World Social Forum─세계화에 반대하고 대안을 찾으려는 활동가들이 주축이 되어 조직한 국제 행사로, 2001년에 시작됐다. 주로 세계화를 추진하는 '세계경제 포럼'에 맞서 매년 초에 열린다. 옮긴이

그리 간단한 일이 아니다. 비평가들은 사회주의가 기존의 거시 경제 질서를 뒤엎을 대안이라고 말한다. 한편, "더 나은 세계는 가능하다"는 '세계 사회 포럼'의 구호가 순진하다고 말하는 사람들도 있다. 그럼에도 보건 의료 부문과 개발 부문에서 시장의 실패를 입증하는 증거가 점점 더 많이 쌓여 가고 있고 "더 나은 세계"에 대한 요구는 점차 주류로 진입하고 있다. 일상에 찌든 평범한 사람들조차 저마다의 요구 사항을 들고 경제 전문가, 과학자, 학계, 정치인들과 함께 저항에 동참하고 있다. 물론 모든 사람이 거리로 나서지는 않을 것이다. 그렇더라도 그들은 거리로 나선 사람들과 똑같은 마음으로 자신의 삶의 현장을 지키고 있을 것이다. 더 나은 세계에 대한 생각은 저마다 다르겠지만 더 평등한 세상을 원한다는 것만큼은 분명하다.

더 나은 세계는 가능하다. 그러나 파울로 프레이리의 말대로 "팔짱을 끼고 앉아 기다리기만 하는 사람에게는 희망이 없다." [27]

알마 아타의 이상을 실현시키자

〈민중건강운동〉은 "알마아타선언"이 목표로 내세웠던 일차 보건 의료 정책이
실패했으며, 그 결과 국가 간, 국가 안 불평등이 더 커졌고 보건 의료 분야의 위
기가 가중되었다고 명시한다. 또 이 실패는 명백히 세계화가 끼친 악영향 때문
이며, 책임은 전적으로 정부와 국제기구에 있다고 말한다. "민중건강헌장"은
이 실패를 바로잡기 위한 투쟁이자 국제적인 연대의 일환이다. 국제기구와 시
민사회 운동 단체, 비정부기구와 여성단체, 또 일선의 보건 의료 단체들이 참여
한 "민중보건회의"의 결과 2000년 12월 8일 "민중건강헌장"이 공포되었다. 헌
장은 다음과 같은 서론으로 시작한다.

> 건강은 사회적, 경제적, 정치적인 문제며, 그 무엇보다 인간의 기본권이다. 불평등, 빈
> 곤, 착취, 폭력, 불의는 가난하고 소외된 자들의 건강을 해치고 그들을 죽음에 이르게
> 하는 원천이다. '모든 인류에게 건강을' 선사한다는 말은 강력한 이권에 도전하는 것,
> 세계화에 반대하는 것, 정치적·경제적 우선순위를 근본적으로 바꾸는 것을 의미한다.
> 이 헌장은 이전에는 목소리를 거의 내지 못했던 민중들의 관점을 대변한다. 이 헌장은
> 민중들이 스스로 해결 방법을 개발하고, 이들이 지방정부, 중앙 정부, 국제기구, 기업
> 에게 책임을 묻도록 촉구한다.

"민중건강헌장"은 가장 높은 수준의 건강과 복리를 누리는 것은 피부색이나 인
종, 종교, 성별, 나이나 능력, 성적 지향성, 계급과 상관없이 인간의 기본 권리임
을 천명한다. 정부는 이를 위해 국민의 지불 능력이 아니라 필요를 좇아 양질의
보건 의료와 교육, 기타 서비스를 보장할 책임이 있다. 또 건강 문제는 국가의
정책 결정에서 가장 우선적으로 고려되어야 하며, "알마아타선언"의 보편적이
고 포괄적인 일차 보건 의료 원칙이 정책 입안 과정에 반영되어야 한다. "민중건
강헌장"은 이런 원칙을 바탕으로 모든 민중들의 참여를 독려하고 있다. 옮긴이

▶참고―http://www.phmovement.org/sites/www.phmovement.org/files/phm-pch-korean.pdf

NO-NONSENSE

N 부록

남반구는 못 사는 나라?

이 책에는 '북반구'와 '남반구', '서구'와 '제3세계', '부유한' 나라와 '가난한' 나라 같은 용어가 등장한다. 이런 용어들은 발전 정도에 따라 나라를 분류하고 각각에 이름을 붙이는 분류법에 따른 것이지만 이에 대한 논란도 끊이지 않는다. 1990년 『포춘Fortune』이 선정한 500대 기업에 남반구의 다국적기업 19개가 이름을 올렸고 2006년에는 그 수가 57개로 늘어났다는 점을 감안하면 그 명칭들이 얼마나 불합리한지 알 수 있다. 언론인 테베 마방가Thebe Mabanga는 재치 있는 표현으로 이 부조리를 폭로한다. "이제 세계를 지배하려는 음모는 뉴욕이 아니라 에어컨 시설이 잘 된 뭄바이의 어느 사무실에서 시작될 것이다."

NO-NONSENSE

생물자원 약탈

제약 회사는 타인의 지적재산권(소유권)을 우습게 안다. 미국 기업 〈파이저〉는 남아프리카공화국의 산족이 미처 눈치채기도 전에 그 지역 자생 식물인 후디아를 거의 훔치다시피 했다. 산족은 수세대에 걸쳐 후디아를 씹으면서 사막으로 사냥을 다녔다. 식욕 억제 기능이 있는 후디아를 씹으면 사냥꾼은 음식이나 물을 섭취하지 않은 채로 훨씬 오래 버틸 수 있었다. 남아프리카공화국의 공공 연구 기관인 〈과학산업평의회(CSIR)〉와 영국에 근거지를 둔 회사 〈파이토팜Phytopharm〉은 후디아의 핵심 성분에 특허를 신청했다. 〈파이저〉는 그 특허권을 2천1백만 달러에 사들여 북반구 사람들에게 판매할 다이어트 약을 개발했다. 산족은 특허 신청이나 특허 등록 과정에 대해 전혀 알지 못했고 금전적인 보상도 전혀 받지 못했다. 언론의 공격을 받자 〈파이저〉 대변인은 산족이 곧 지구상에서 사라질 것이라고 주장했다. 정의감이 투철한 변호사들이 나서고 정치적 압력이 거세지자 〈과학산업평의회〉와 〈파이토팜〉은 산족에게 금전적 보상을 하기로 결정했다. 따라서 앞으로는 산족도 자신들의 전통 지식을 나누어 준 데 대한 보상을 받게 될 것이다.

NO-NONSENSE

우울하세요?

2003년 12월, 영국의 의약품 규제 기관이 세로자트를 비롯한 아동용 항우울제 사용을 금지했다. 그 약들이 자살 충동을 부추긴다는 연구 결과 때문이었다. 조사 결과, 제약 회사가 임상 시험 과정에서 그러한 위험을 인지했으면서도 미국이나 영국의 규제 당국에 보고하지 않았다는 사실이 밝혀졌다. 2003년 10월, 관련 규제 기관이 조사에 착수해 〈글락소스미스클라인〉이 관련법을 위반한 사실을 밝혀냈지만 고소는 이뤄지지 않고 있다.

▶출처─S. Boseley, *The Guardian* 10/12/2003 www.guardian.co.uk

파산으로 가는 길

인도의 의료비 지출 양상을 바탕으로 전 세계의 추세를 가늠해 볼 수 있다. 21세기로 접어들면서 민영화가 심화된 탓에 아주 가난한 사람들은 의료비를 감당할 수 없게 되었다. 가계 지출에서 의료비가 높은 비중을 차지하는 나라가 많다. 가족 중 누군가 심각한 질환을 앓게 되면 파산할 수밖에 없는 것이 전 세계 대부분 가정의 현실이다. 〈세계보건기구〉에 따르면 병원비를 대다가 빈곤에 내몰리는 사람이 매년 1억 명 정도 된다. 〈옥스팜〉에 따르면 인구의 60퍼센트 가량이 매월 18달러도 되지 않는 돈으로 생활하는 잠비아에서 폐렴 치료를 위해 들어가는 돈은 1회 진료당 8달러에서 10달러다.

인도의 의료비 총액에서 각 주체가 지불하는 비중(2001년~2002년)

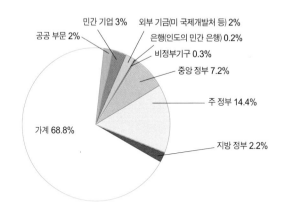

- 각각의 항목을 반올림한 결과 총 퍼센트는 100.1이 되었다.

2001년에서 2002년 사이 인도에서 의료비로 지출된 비용 중 4분의 1만이 정부에서 나온 것이고 70퍼센트 이상은 민간 부문, 그것도 주로 시민들의 주머니에서 나왔다. 국민 건강보험 가입자들이 혜택을 받으려면 오래 줄을 서서 기다려야 하는 데다가 기본적인 진료만 받을 수 있기 때문에 아주 가난한 사람도 대형 민간 병원이나 진료소를 찾을 수밖에 없는 실정이다. 건강보험에 가입하지 못한 가구는 의료비를 감당하지 못해 파산하기도 한다.

▶출처—Harvard Public Health Review Summer/Fall 2006 재사용.
　　　www.hsph.harvard.edu/review/rvw_summerfall06/rvwsf06_berman.html

NO-NONSENSE

DNA는 누구의 것일까?

　지적재산권은 식물과 인간 유전자로 확장된다. 이미 인간 유전자에 대해 1천 건이 넘는 특허가 출원되어 인정받았다. 여기에 대해서는 논란이 분분하다. 가령 미국 기업 〈미리아드 제네틱스Myriad Genetics〉는 BRCA2 유전자에 대한 특허를 보유하고 있는데 BRCA2 유전자를 지닌 여성은 유방암에 걸릴 확률이 높다. BRCA2 유전자에 대한 특허를 보유한 〈미리아드 제네틱스〉는 상당한 요금을 받고 진단 업무를 독점해 왔다. 법원은 특허의 범위를 이 유전자를 지니고 있을 확률이 가장 높은 집단인 아쉬케나지 유대인*에게만 적용하도록 제한했다. 이 같은 법원 판결에 대해 저항이 엄청났지만 판결은 바뀌지 않았다.

---

* 유럽 동부와 중부 계통 유대인을 가리킨다. 옮긴이

불공정하거나 부당하거나

"유엔 새천년개발목표"를 주도한 제프리 삭스Jeffrey Sachs에 따르면 부유한 나라와 가난한 나라 사이의 격차는 꾸준히 늘어나 1961년 12배이던 것이 1997년에는 30배로 벌어졌다. 기대 수명과 유아사망률의 나라 간 격차와 나라 안 격차도 비슷한 수준이다.

5세 미만 사망률(신생아 천 명 당 5세 이전에 사망하는 아동의 수)은 전반적으로 낮아지는 추세지만 감소율은 천차만별이어서 1990년에서 2002년 사이 산업 선진국에서는 81퍼센트 감소한 데 비해 개발도상국에서는 60퍼센트, 가장 가난한 나라에서는 44퍼센트 감소하는 데 그쳤다. 그 뒤부터는 5세 미만 사망률이 좀처럼 줄어들지 않고 있으며 아프리카 같은 특정 나라에서는 오히려 늘고 있다.

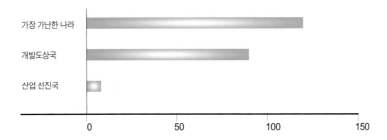

나라별 소득 수준에 따른 5세 미만 사망률(신생아 1천 명 기준)

▶출처—UN Millennium Project 2005 수정, Who's Got the Power? Transforming Health Systems for Women and Children, Task Force on Child Health and Maternal Health(UNICEF 2004)

화려한 겉모습 뒤에 숨겨진 그늘

〈유엔아동기금〉에 따르면 1990년 78퍼센트이던 물 접근성이 2004년 84퍼센트로 높아졌다. 그러나 이 수치는 물 접근성의 나라 간 차이와 나라 안 차이를 은폐한다. 특히 도시와 농촌이 물 접근성에서 큰 차이를 보인다. 하나의 불평등은 또 다른 불평등을 양산한다. 학교에 위생 시설이 부족하면 사생활이 보장되지 않기 때문에 생리 기간 동안 학교에 나오지 않거나 아예 학교를 그만두는 여자아이들이 많다는 연구 결과도 있다.

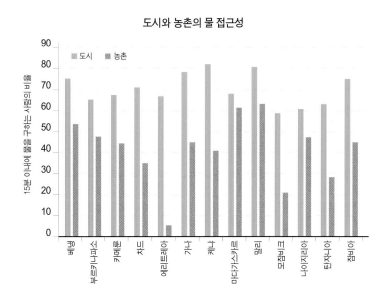

도시와 농촌의 물 접근성

▶출처―ORC Macro, 2007. MEASURE DHS STATcompiler. http://www.measuredhs.com, March 16 2007.

토지 소유가 너희를 자유케 하리라

자산이 없으면 빈곤에 빠지기 쉽다. 여성의 발전을 가로막는 장벽은 에이즈, 폭력 말고도 다양하다. 재산은 여성의 신용도를 높여 주고 경제적으로 자립할 기회를 만들어 준다. 여성이 남성에게 덜 의존하게 되면 자신이나 자녀의 건강을 돌보는 일을 비롯해 자율적으로 결정할 수 있는 일이 늘어난다.

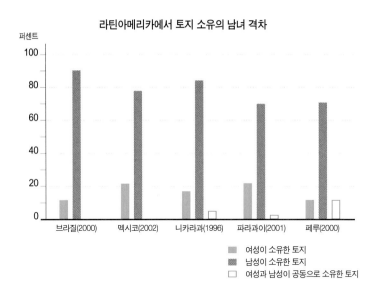

라틴아메리카에서 토지 소유의 남녀 격차

• 브라질과 멕시코의 경우, 여성과 남성이 공동으로 소유한 토지에 대한 자료를 찾을 수 없었다. 수치를 반올림한 관계로 총계가 100퍼센트가 되지 못하는 경우도 있다.

▶출처―UN Millennium Project Task Force on Education and Gender Equality, Earthscan, London/Virginia, 2005, UNICEF

첩첩산중

〈세계보건기구〉는 2005년 비전염성 질병으로 사망한 3천5백만 명 중 80퍼센트가 중저소득 국가 사람이라고 추산했다. 남반구에서 비전염성 질병과 전염병은 상호 작용한다. 전염병의 감염원 중 일부는 암을 유발하고 흡연은 결핵 사망률을 높인다. 만성질환을 다스리면 감염성 전염병을 줄이는 데 기여할 것이다.

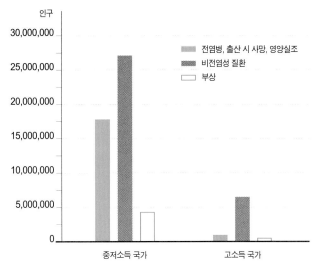

소득 수준에 따른 사망 원인(2002년 추정치)

▶출처―C. Mathers, A de Francisco, *The Global Bueden of Disease*, in MA Burke, A de Francisco(eds), *Monitoring Flows for Health Research* 2004, Global Forum for Health Research, Geneva, 2004, Chapter 3, 53~67.

〈제너럴 모터스〉에서 생명의 가격은?

아래 공식은 〈제너럴 모터스〉가 특정 차종에서 생명을 위협하는 결함이 발견되었을 경우 성능을 개선하는 것이 이익인지 성능 개선 없이 소송을 건 피해자들에게 보상을 해 주는 것이 이익인지 결정하기 위해 사용하는 공식이다. 관련된 소송이 이미 진행되고 있을 때였다.

$$\frac{\text{사망자 500명} \times \text{사망자 1명당 20만 달러}}{\text{자동차 4천1백만 대}} = \text{1대당 2.4 달러}$$

이 사례는 기업이 사람의 생명에 얼마나 무감각한지를 잘 드러내 준다. 〈제너럴 모터스〉는 설계를 변경해 더 안전한 자동차 한 대를 생산하는 데 들어가는 비용은 8.59달러이고 소송을 할 경우에는 한 대당 2.40달러가 든다는 계산을 마쳤다. 따라서 〈제너럴 모터스〉는 설계를 변경하지 않기로 결정했다. 〈제너럴 모터스〉뿐 아니라 다른 대형 자동차 회사들도 분명 자체적인 계산법을 가지고 있을 것이고 그 계산법을 포기하지 않을 것이다. 기업이 더 많은 책임을 지고 더 투명하게 경영하게 만들 시스템이 필요하다. 그 시스템에서는 무엇보다 기업의 로비 활동과 영업 활동이 전면 공개되어야 한다. 기업의 이윤이나 노동 규제 사항은 물론이고 유해 물질 배출과 그로 인한 국내외의 환경적 영향도 포함되어야 할 것이다. 기업을 감시할 각국 정부와 시민사회의 역량 역시 반드시 강화되어야 한다.

▶출처—J. Bakan, *The Corporation: the Pathological Pursuit of Profit and Power* (Constable & Robinson Ltd, 2004)

• 1장

1. J. Stiglitz, *Globalization and Its Discontents* (Penguin Books 2002)

2. "Progress for Children: A Report Card on Water and Sanitation", UNICEF, 2006. www.unicef.org

3. "Making Every Mother and Child Count", *World Health Report 2005*, WHO. www.who.int

4. "Priorities in Health", World Bank, 2006 www.worldbank.org

5. R. Beaglehole, R. Bonita, *Public Health at the Crossroads: Achievements and Prospects* (Cambridge University Press 2004)

6. S. B. Halstead, J. A. Walsh, K. S. Warren, *Good Health at Low Cost*, Conference report. New York: Rockefeller Foundation; 1985, in "Public Health Innovation and Intellectual Property Rights", WHO, April 2006. www.who.int

7. T Evans, *The Equity Gauge*.

8. *The Ecologist*, Vol 29, No 3, May/June 1999, in W. Ellwood, *The No-Nonsense Guide to Globalization* (New Internationalist/Verso 2001)

9. J. Cliff, et al, "Mozambique Health Holding the Line", *Review of African Political Economy* Vol 13 No 36, 1986.

10. J. J. Hall, R. Taylor, "Health For All Beyond 2000: the Demise of the Alma-Ata Declaration and Primary Health Care in Developing Countries", *MJA* 2003 178 (1):17~20.

11. R. Labonte et al., *Fatal Indifference?-The G8, Africa and Global Health* (UCT Press, 2004).

12. D. Tsikata, Third World Network, www.twnside.org.sg/title/adjus-cn.htm.

13. "Debt Relief and the HIV/AIDS Crisis in Africa: Does the HIPC Initiative Go Far Enough?" *Oxfam Briefing Paper* No 25, June 2002.

14. *Global Health Watch: 2005-2006* (Zed Books 2005)

15. M. Fort, A. Mercer, O. Gish(eds), *Sickness and Wealth: the Corporate Assault on Global Health* (South End Press, 2004).

16. Pollock, Shaoul, "How the WTO is Shaping Domestic Policies in Health Care", *The Lancet*, Vol 354, Nov 1999.

17. *Global Health Watch* op. cit.
18. *Water Justice For All: Global and Local Resistance to the Control and Commodificaton of Water*. Friends of the Earth International, Amsterdam, 2003, in *Global Health Watch* op. cit.
19. Research Institute Releases Study on Corporate Power on 1st Anniversary of Seattle Protests. Institute for Policy Studies. 2000.
20. W Ellwood, op. cit.
21. S. Gloyd, "Sapping the Poor", in M Fort, op. cit.
22. S. Gloyd, op. cit.
23. World Bank, *Global Economic Prospects and the Developing Countries 2000* (World Bank 2000), in J Stiglitz, op. cit.
24. R Conquest, *The Great Purge: A Reassessment* (Oxford University Press 1990), in M Fort, op. cit.
25. J. Stiglitz, op. cit.

× 2장

1. P. Farmer, *Pathologies of Power: Health, Human Rights and the New War on the Poor* (University of California Press 2005)
2. 레보 라마포코Lebo Ramafoko와 나눈 개인적인 대화 내용.
3. World Bank, Global Economic Prospects and the Developing Countries 2000(World Bank 2000), in J. Stiglitz, *Globalization and Its Discontents* (Penguin 2002).
4. M. Weisbrot, et al. *The Scorecard on Globalization 1980-2000: Twenty Years of diminished Progress*, Centre for Economic and Policy Research; 2001, cited in R. Labonte et al, *Fatal Indiffernce - The G8, Africa and Global Health* (UCT Press, 2004)
5. "NAFTA at Seven", *EPI Briefing Paper*, April 2001, www.ratical.org/co-globalize/NAFTA@7/index.html
6. R. Mishra, "Beyond the Nation State: Social Policy in an Age of Globaliztion", *Soc Policy Admin*, 1999; 32: 481-500, in D. Price, et al, "How the World is Shaping Domestic Policies in Health Care", *The Lancet*, Vol 354, No 9193, 27 November 1999.
7. 칠튼 피어스J. Chilton Pearce와 나눈 인터뷰, *Biophile Magazine*, Issue 6, May 2006.
8. N. Hertz, *The Silent Takeover* (The Free Press 2001)
9. R. Labonte, op. cit.
10. SAPA-AP, *The Star*, 7/11/2006.
11. M. Finger, WTO, 나오미 클라인N. Klein과 나눈 개인적인 대화 내용, N. Klein, *No*

Logo (HarperCollins 2000)

12. T. Lang, "Public Health and Colonialism: a New or Old Problem?", *J Epidemiol Community Health*, 2001; 55: 162-163.

13. AFL-CIO (2004) *Section 301 Petition* [to Office of the US Trade Representative] *of American Federation of Labor and Congress of Industrial Organizations*. Washington, DC, AFL-CIO, in Global Health Watch, op. cit.

14. S. Goldenberg, "Colombo Stitch-Up" *Guardian*, 7 November 1997, in N. Klein, op. cit.

15. M. Dean, "Absolute Effect of Relative Poverty", *Lancet* 1994; 344:463, in R. Beaglehole, R. Bonita, *Public Health at the Crossroads: Achievements and Prospects* (Cambridge University Press 2004)

16. W. Ellwood, *The No-Nonsense Guide to Globalization* (New Internationalist/Verso 2001)

17. W. Ellwood, op, cit.에서 인용.

18. B. Silverglade, "The WTO Agreement on Sanitary and Phytosanitary Measures - Weakening Food Safety Regulation to facilitate Trade", Center for Science in the Public Interest, 2000. www.cspinet.org/reports/codex/dutch_wto.html

19. E. Shaffer, J. Brenner, "Trade and Health Care", in M. Fort, A. Mercer, O. Gish, (eds) *Sickness and Wealth: the Corporate Assualt on Global Health* (South End Press 2004)

20. R. Labonte, op. cit.

21. S. Anderson, J. Cavanagh, "Top 200: The Rise of Corporate Global Power", Institute for Policy Studies, 2000.

22. R. Labonte, op. cit.

23. Third World Network www.twnside.org

▪ 3장

1. H. Mckinnell, *A Call To Action* (McGraw-Hill, 2005)

2. *Human Development Report 2000*: FT500, 4 May 2000, in "Cut the Costs: Patent Injustice: How World Trade Rules Threaten the Health of Poor People", Oxfam, 2001.

3. WHO/UNAIDS/Global Fund/US Government Joint Media Release, 26 Jan 2005. www.unaids.org/en/media/press+release.asp, in E. Cameron, J. Berger, "Patents and Public Health: Principle, Politics and Paradox", Academy Law Lecture, Proceedings of the British Academy.

4. Medicus Mundi Switzrland, www.sdc-health.ch/priorities_in_health

/pro_poor_health_service/provision

5. "Robbing the Poor to Pay the Rich? How the United States Keeps Medicines From the World's Poorest." *Oxfam Briefing Paper*, No 56, Nov 2003. www.oxfam.org.uk what_we_do/issues/health/bp56_medicines.htm

6. *Rx R&D Myths: The Case Against The Drug Industry's R&D "Scare Card"*, Public Citizen Congress Watch, 2001. www.citizen.org

7. "Cut the Cost: Patent Injustice: How World Trade Rules Threaten the Health of Poor People", Oxfam, 2001.

8. http://oneworldhealth.org/global/global_burden.php

9. MSF Fact Sheet, May 2004.

10. P. Trouiller, et al. "Drug Development for Neglected Diseases: a Deficient Market and a Public-health Policy Failure", *Lancet*, 359: 2188~2194, 2002, in *Global Health Watch: 2005~2006* (Zed 2005)

11. 코엔R. Cohen과 나눈 인터뷰 in J. Bakan, *The Corporation: the Pathological Pursuit of Profit and Power* (Constable and Robinson 2005).

12. 루카스Lucas와 나눈 개인적인 대화, in K. Buse, G. Walt, "The WHO and Global Public-Private Health Partnerships: In Search of 'Good' Global Health Governance", in R. Reich (ed), *Public-private partnerships for Public Health* (Harvard University Press 2002)

13. Peter Utting, "UN-Business Partnerships: Whose Agenda Counts?" UNRISD, December 2000, in S. Amrith, Democracy, globalization and health: the African Dilemma", www.histecon.kings.com.ac.uk/docs/amrith_healthafrica.pdf에서 인용.

14. D. H. Deutsch, "Unlikely Allies With the UN - For Big Companies, a Strategic Partnership Opens Doors in Developing Countries", *The New York Times*, 10/12/1999, in K. Buse, op. cit.

15. *Global Health Watch*, op. cit.

16. www.cptech.org/workingdrafts/rndtreaty.html, in *Global Health Watch*, op. cit.

17. "Patents vs Patients: Five Years After the Doha Declaration", *Oxfam Briefing Paper 95*, Nov 2006.

▪ 4장

1. P. Couright, BC Centre for Epidemiology & International Ophthalmology, Vancouver, Canada. In "Gender and Blindness", WHO Gender and Health, Jan 2002.

2. R. Jewkes et al, "Factors Associated With HIV Sero-status in Young Rural South

African Women: Connections Between Intimate Partner Violence and HIV", *International Journal of Epidemiology* (in press)

3. R. Jewkes op. cit.

4. 이 장은 R. Jewkes, Director: Gender & Health Research Unit, MRC로부터 많은 도움을 받았다.

5. "A Systematic Review of the Health Complications of Female Genital Mutilation Including Sequelae in Childbirth", Department of Women's Health, Family and Community Health, WHO, Geneva, 2000.

6. "Female Genital Mutilation and Obstetric Outcome: WHO Collaborative Study in Six African Countries", *The Lancet*, Vol 367 June 3, 2006.

7. WHO, *Gender and Health in Disasters*, July 2002, www.whi.int/gender /other_health/en/genderdisasters.pdf.

8. R. Beaglehole, R. Bonita, *Public Health at the Crossroads: Achievements and Prospects* (Cambridge University Press, 2004)

9. A. K. Hussein, PGM Mujinja, "Impact of User Charges on Government Health Facilities in Tanzania". *East African Medical Journal* 1997; 74(12): 751~757, in P. Nanda, *Reproductive Health Matters* 2002; 10(20): 127~134.

10. A. Malhotra et al, "Measuring Women's Empowerment as a Variable in International Development", World Bank Gender and Development Group Background Paper, World Bank, 2002.
www.icrw.org/docs/MeasuringEmpowerment_workingpaper_802.doc

11. B. Klugman op. cit.

12. C. Barton, "Women's Eye on the UN", WIDE Conference 2004, http://www.eurosur.org/wide/Structure/CBS4_UN_2.htm

13. Soul City Institute for Health and Development Communication, 1996.

14. B. Crossette, "Reproductive Health and the MDG: The Missing Link", *Stud Fam Plann*, 2005 Mar; 36(1): 71~79.

15. AU and Reproductive Rights, *Pambazuka News 270* www.pambazuka.org.

* 5장

1. A. de Francisco, S. Matlin(eds) *Monitoring Financial Flows for Health Research 2006*, Global Forum for Health Research, 2006, www.globalforumhealth.org.

2. T. Holtz, S. P. Kachur, "The Reglobalization of Malaria", in M. Fort, M. A. Mercer, O. Gish(eds) *Sickness and Wealth: The Corporate Assault on Global Health*(South End Press, 2004)

3. T. Holtz, op. cit.
4. *Harvard Public Health Review*, Spring 2005에서 인용.
5. Wikipedia
6. *New Yorker*, 24/10/2005에서 인용.
7. S. Gillespie, R. Greener, "Is Poverty or Wealth Driving HIV Transmission?" Working paper for the UNAIDS Technical Constitution on Prevention of Sexual Transmission of HIV, Geneva, 19/9/2006.
8. "Step Up the Pace of HIV Prevention in Africa", *Fact Sheet* www.afro.who.int/accelerate_hiv_prevention/fact_sheets.pdf.
9. *Global Health Watch: 2005~2006* (Zed Books Ltd, London, 2005).
10. Physicians for Social Responsibility www.psr.org/site/PageServer?pagename= enviro_resources
11. *Global Health Watch*, op. cit.

■ 6장

1. Sweeny, "Selling Cigarettes to the Africans", *The Independent* magazine, 29/10/1988, in D. Yach, H. Wipfli, et al. "Globalization and Tobacco", *Globalization and Health* (OUP).
2. *Tobacco and the Rights of the Child* Report. WHO, 2001.
3. H. Barnum, "The Economic Burden of the Global Trade in Tobacco", 9th World Conference on Tobacco and Health, October 1994.
4. R. J. Reynolds, "Public Statement on Marketing to Minorities", 1990, RJR, 5077717536-7538, Tobacco Resolution. www.ash.org.uk/html/conduct/html/tobexpld8.html
5. "Big Tobacco and Women… What the Tobacco Industry's Confidential Document Reveal", Ash Report, 1998. www.ash.org.uk.
6. US Dept of Health and Human Services, "Preventing Tobacco Use Among Young People: A Report of the Surgeon General", Atlanta, GA: Public Health Service, CDC, 1994, in "Women and Tobacco: Global Trends", www.tobaccofreekids.org/campaign/global.
7. *Tobacco and the Rights of the Child Report*, WHO, 2001.
8. *Tobacco and the Rights of the Child Report*, op. cit.
9. D. Yach, op. cit.
10. D. Yach, op. cit.
11. *Global Health Watch: 2005~2006 Report*, Global Health Watch (Zed Books 2005)
12. K. Mulvey, TWN, June 2006, www.twnside.org.sg.
13. "Obesity in Children and Young People: A Crisis in Public Health", International

Obesity TaskForce Report, *Obesity Reviews*. www.iotf.org/childhoodobesity.asp.

14. E. Schlosser, "Fast Food Nation: The True Cost of America's Diet", *Rolling Stone* (USA) Issue 794, 3 Sept 1998 [『패스트푸드의 제국』, 김은령 옮김, 에코리브르, 2001]

15. M. Nestle, *Food Politics* (University of California Press 2002).

16. S. Boseley, "Sugar Industry Threatens to Scupper WHO", *The Guardian* (UK), 21 April 203.

17. M. Nestle, M. F. Jacobsen, "Halting the Obesity Epidemic: A public Health Approach", *Public Health Reports*, 115: 12~21, 2001, in *Global Health Watch*, op. cit.

18. M. F. Jacobsen, 2000, "Liquid Candy: How Soft Drinks are Harming Americans' Health", Washington D.C., Centre for Science in the Public Interest, in *Global Health Watch*, op. cit.

19. D. Roberts, U. Foehr, *Kids & Media in America* (Cambridge, MA, University Press 2004)

20. D. Kunkel, "Children and Television Advertising", in D. Singer, J. Singer(eds) *Handbook of Children and the Media* (Thousands Oaks, Sage 2001)

21. K. Kotz, M. Story, "Food Advertisements during Children's Saturday Morning Television Programming: Are They Consistent with Dietary Recommendations?" *Journal of the American Dietetic Association* 94(1994) 11: 1296~1300.

22. D. Kunkel, et al, op. cit.

23. E. Schlosser, op. cit.

24. J. Brand, B. Greenberg, "Commercials in the Classroom: The Impact of Channel One Advertising", *Journal of Advertising Research* 34(1994): 18~23.

▪ 7장

1. "Reducing Risks, Promoting Healthy Life", *World Health Report 2002*, WHO www.who.int

2. B. Crossette, "Reproductive Health and the MDGs: The Missing Link", Population Program of the Willian and Flora Hewlett Foundation, Dec 2004.

3. UN MP Task Force on Child Health and Maternal Health op. cit.

4. W. Waruru, "IMF, World Bank Come Under Heavy Criticism", The East African Standard(Nairobi, (2005)), in P. Bond op. cit.

5. UN MP Task Force on Child Health and Maternal Health op. cit.

6. *Global Health Watch: 2005~2006* (Zed Books 2005).

7. E. Friedman, 2004, *An Action Plan to Prevent Brain Drain: Building Equitable Health*

Systems in Africa, Boston MA: PHR. www.phrusa.org/campaigns/aids/pdf. braindrain.pdf

8. R. Labonte, M. Sanger, "Glossary of the WTO and Public Health: Part 2", *J Epi Community Health* 2006; 60: 738~744.

9. "Improving Market Access", *Issues Brief*, IMF, 2002 in R. Labonte, et al, *Fatal Indifference: The G8, Africa and Global Health* (University of Cape Town Press 2004)

10. J. Cornish, "Dissent in the Debt Ranks", *Mail&Guardian* newspaper, June 24~30, 2005.

11. R. Labonte, et al, *Fatal Indifference: The G8, Africa and Global Health* (University of Cape Town Press 2004)

12. http://en.civilg8.ru/1861.php

13. R. Labonte, et al, op. cit.

14. www.medact.org

15. "Real Aid Reports" Action Aid, 2006. www.actionaid.org.uk/100473/real_aid.html

16. P. Bond, "A review of Debt, Aid, Trade Relations", *Afrodad Occasional Papers*, Issue #3, Feb 2006.

17. J. Cliff, et al, "Mozambique Health Holding the Line", *Review of African Political Economy* Vol 13 No 36 Summer 1986: 7~23.

18. R. Labonte, et al, op. cit.

19. *Global Health Watch* op. cit.

20. D. Frommel, "Global market in medical workers", *Le Monde Diplomatique*, May 2002, in R. Labonte, et al, op. cit.

21. R. Labonte, et al, op. cit.

22. UN MP Task Force on Child Health and Maternal Health op. cit.

23. I. Kuziemko, E. Werker, "How Much is a Seat on the Security Council Worth? Foreign Aid and Bribery at the UN", *J Polit Econ* 2006; 114: 905~930, in D. Woodward, *The Lancet*, Vol 369, Jan 6 2007; 12~13.

24. M. Westerhaus, A. Castro, "How Do Intellectual Property Law and International Trade Agreements Affect Access to Antiretroviral Therapy?" PLoS Med 3(8): e332 August 8, 2006. doi: 10.1371/journal.pmed.0030332

25. 라틴아메리카의 사례는 대부분 H. Waitzkin, et al, "Social Medicine The and Now: Lessons from Latin America", *American Journal of Public Health*, October 2001, Vol 91, No 10에 나와 있다.

26. Ernesto 'Che' Guecara, On revolutionary medicine, in: J. Gerassi (ed.) *Venceremos! The Speeches and Writings of Ernesto Che Guevara* (Clarion 1968: 112-119), in H. Waitzkin, op. cit.

27. P. Freire, *Pedagogy of the Opressed* (Continuum Internatinal Publishing Group 1970) [『페다고지』, 남경태 옮김, 그린비, 2009]

- 단행본

Global Health Watch 2005~2006: An Alternative World Health Report (Zed Books 2005).

Globalization and its Discentents, Joseph E. Stiglitz (Penguin 2002) [『세계화와 그 불만』, 송철복 옮김, 세종연구원, 2002]

Sickness and Wealth: the Coprorate Assault on Global Health, Meridith Fort, Mary Anne Mercer, Oscar Gish(eds) (South End Press 2004)

The Silent Takeover: Global Capitalism and the Death of Democracy, Noreen Hertz, (the Free Press 2001)

The Corporation: The Pathological Pursuit of Power and Profit, Joel Bakan (Constable & Robinson 2004, 2005) [『기업의 경제학』, 윤태경 옮김, 황금사자, 2010]

Food Politics, Marion Nestle (University of California Press 2002)

On the Take: How Medicine's Complicity With Big Business Can Endanger Your Health, J. P. Kassirer (Oxford University Press 2005)

Development as Freedom, Amartya Sen (Anchor Books 1999) [『자유로서의 발전』, 박우희 옮김, 세종연구원, 2001]

No Logo, Naomi Klein (Flamingo 2000) [『슈퍼 브랜드의 불편한 진실』, 이은진 옮김, 살림Biz, 2010]

The No-Nonsense Guide to Globalization, Wayne Ellwood (New Internationalist/Verso 2001) [『자본의 세계화 어떻게 헤쳐 나갈까』, 추선영 옮김, 이후, 2007]

The No-Nonsense Guide to HIV/AIDS, Shereen Usdain (New Internationalist/Verso 2003)

* 인터넷 자료

• Global Health Watch: Campaign Agenda 2005~2006
  http://www.ghwatch.org/2005report/GlobalHealthAction0506.pdf

• The Global Tobacco Treaty Action Guide
  http://www.stopcorporateabuse.org/cms/page1345.cfm

• Health Action International Africa/WHO:Medicine Prices: A Critical Barrier to Access; How to Advocate for Implimentation of Recommendations from Medicine Prices Surveys.
  www.haiafrica.org/index.php?option=com_content&task=view&id= 176&Itemid=41

◦ 관련 단체

◦ 국제 단체

시비쿠스CIVICUS

www.civicus.org

새로운시대여성을위한발전대안
(Development Alternatives with Women for a New Era, DAWN)

www.dawnnet.org

국제형평성평가연합The Global Equity Gauge Alliance

www.gega.org.za

지구적의료접근프로젝트(Health Global Access Project, GAP)

www.healthgap.org

국제보건행동(Health Action International, HAI)

아프리카www.haiafrica.org

아시아-태평양www.haiao.org

국제보건연합Health Alliance International

www.healthallianceinternational.org

국제지속가능개발연구소(International Institute for Sustainable Development, IISD)

www.iisd.org

국제지식생태학회(Knowledge Ecology International, KEI)

www.cptech.org

국경없는의사회(Médecins Sans Frontières, MSF)

www.msf.org

밀레니엄프로젝트The Millennium Project

www.unmillenniumproject.org

민중건강운동People's Health Movement

www.phmovement.org

제3세계네트워크(Third World Network, TWN)

www.twnside.org.sg

세계보건기구

www.who.int/en/

▪ 라틴아메리카

라틴아메리카 사회의학협회(Association Latinoamericana de Medicina Social, ALAMES)

www.sociomedicine.org/alames.html

▪ 미국

기업감시시민단체(Corporate Accountability International, CAI)

www.stopcorporateabuse.org

보건의료교육을위한 헤스페리아재단The Hesperian Foundation

www.hesperian.org

인권을위한의사회Physicians for Human Rights

www.physiciansforhumanrights.org

사회적책임을위한의사회Physicians for Social Responsibility

www.psr.org

퍼블릭시티즌Public Citizen

www.citizen.org

∗ 아시아

아시아 태평양 여성연구(Asia-Pacific Resource and Research Centre for Women, Arrow)

www.arrow.org.my

남반구포커스Focus on the Global South

www.focusweb.org

∗ 아프리카

남부아프리카 건강평등네트워크(EQUINET)

www.equinetafrica.org

아프리카 사회정의를 위한 네트워크(FAHAMU)

www.fahamu.org

제3세계 네트워크 아프리카(TWN Africa)

www.twnafrica.org

치료행동캠페인Treatment Action Campaign

www.tac.org.za

▪ 영국

코너하우스The Cornerhouse

www.thecornerhouse.org.uk

메드엑트Medact

www.medact.org/medact_information.php

신경제재단New Economics Foundation

www.neweconomics.org

옥스팜Oxfam

www.oxfam.org

▪ 캐나다

캐나다 정책대안센터(Canadian Centre for Policy Alternatives, CCPA)

www.policyalternatives.ca

한국건강형평성학회

http://www.healthequity.or.kr/

의료생협연대

http://medcoops.or.kr/

연구공동체 건강과대안

http://www.chsc.or.kr/

• 책

더 나은 세계는 가능하다

세계화국제포럼(IFG) 지음, 이주명 옮김, 필맥

반세계화 진영의 핵심 이론가와 활동가, 학자들이 모여 현재 이루어지고 있는 세계화 양상을 비판하고 그 대안을 소개하는 책이다. 초국적인 세계화 담론에 맞서 지역과 공동체에 대한 관심을 촉구하면서 신자유주의 모델과 신자유주의를 전파하는 국제기구의 작동 방식을 분석하고 대안이 될 원칙이나 체계를 소개한다. 현재 이루어지고 있는 주목할 만한 성과들도 함께 기록하고 있다.

제약회사는 어떻게 거대한 공룡이 되었는가

재키 로 지음, 김홍옥 옮김, 궁리

이 책은 제약 회사가 사람들의 건강을 담보로 어떻게 부를 축적해 왔는지 역사적으로 추적하고 있다. 책은 제약 시장 자체의 생리가 사람들로 하여금 더 많은 의약품을 소비하도록 부추긴다고 말한다. 마케팅을 통해 끊임없이 사람들의 감각을 자극하면서 '건강함'에 대한 강박을 생산해 내기 때문이다. 한편 제약 회사는 의료 제도와 밀접한 관계를 맺으면서 사익 추구에 열을 올린다. 환자들이 거대 제약 회사의 의약품에 의존할 수밖에 없는 상황을 만들어 내면서 너무나 비싼 약값을 받아 배를 불리고 있는 것이다. 그러나 정부가 개입할 수 있는 여지는 점점 줄어드는 실정이다. 어떻게 제약 회사가 사람들을 기만하고 있는지 밝혀 주는 책이다.

평등이 답이다 — 왜 평등한 사회는 늘 바람직한가?

리처드 윌킨슨·케이트 피킷 지음, 전재웅 옮김, 이후

전 세계 부유한 23개국과 미국 50개 주를 대상으로 불평등과 건강의 관계를 종합적이고 효과적으로 보여 주는 책이다. 건강을 결정하는 사회적 요인에 오랫동안 관심을 기울여 온 두 저자가 문제 의식과 분석 대상을 넓혀 경제성장이 계속돼도 사람들의 행복 지수는 더 이상 올라가지 않는 이유를 밝혔다. 상대적으로 가난하더라도 평등한 사회가 부유하지만 불평등한 사회보다 정신 건강과 육체 건강 모두 더 나은 사회적 성과를 보인다는 것을 알 수 있다. 건강을 비롯해 다양한 사회문제들을 해결하는 가장 효과적이고 보편적인 방법은 불평등을 줄이는 데 있다고 역설한다.

또 다른 사회는 가능하다

데이브 마고쉬 지음, 김주연 옮김, 낮은산

캐나다의 공공 보건 의료 체계를 정착시킨 토미 더글러스에 관한 책이다. 토미 더글러스는 1904년에 태어나 1935년 캐나다 하원 의원이 되기 전까지 목회자로 살면서 사회적 약자의 삶을 개선시킬 방안을 꾸준히 연구했다. 1944년에 서스캐처원 주지사가 되면서 공익에 기반한 무상 의료 서비스 체계를 세웠고 캐나다 사람들이 가장 존경하고 사랑하는 정치인으로 역사에 남았다. 이 책은 그의 생애를 일대기적으로 살펴 봄으로써 캐나다 무상 의료와 진보 정치의 맥을 훑는다.

또 하나의 혁명 쿠바 일차의료

린다 화이트포드 · 로렌스 브랜치 지음, 최영철 외 옮김, 메이데이

가난하지만 부유하고 여유로운 삶을 살아가는 쿠바의 일차 보건 의료 제도를 분석한 책이다. 쿠바의 사례를 통해 '건강'은 민간이나 개인의 문제가 아니라 사회의 문제이며 결국 정치적인 개입을 필요한 사안임이 분명해진다. 1959년 혁명을 통해 어떻게 기존의 지역 종합 진료소 모델에서 가족 주치의 모델로 일대 전환을 이루게 됐는지, 또 각종 전염병과 만성질환을 어떻게 관리해 왔는지 역사적으로 살펴볼 수 있다.

가장 인간적인 의료: 우리 동네 주치의, 의료생협 이야기

임종한 지음, 스토리플래너

지역 주민이 공동으로 소유하고 운영하는 병원이 있다. 지역 사회가 중심이 되어 질병의 예방을 목적으로 일차 보건 의료를 충실히 이행할 수 있는 곳이 바로 의료 생협이다. 이익에 연연하지 않기 때문에 진료 시간도 길고 불필요한 처방은 하지 않는다. 마을 사람들은 사랑방처럼 병원을 찾는다. 한미 자유무역협정으로 영리 병원이 속속 출현하게 된다면, 저렴한 비용으로 공공성을 지키면서 건강을 누릴 수 있는 한 가지 대안은 의료 생협이다. 책은 우리나라 의료 생협의 생생한 역사와 사람들의 이야기를 담고 있다.

■ 영화

식코

마이클 무어 감독, 2007년

지구상에서 가장 부유한 나라 미국에서 4,300만 명의 사람들이 아무런 의료 혜택을 받지 못하고 죽어 나가는 현실을 고발한다. 마이클 무어는 무책임하고 무능력한 민간 의료 보험 조직 〈건강관리기구(HMO)〉를 본격적으로 해부하고 나선다. 관객들은 의료 보장 제도가 비교적 잘 갖춰진 캐나다, 프랑스, 영국, 쿠바의 경우와 비교해 볼 때 의료 체계의 합리화를 내세우는 민영화 논리가 얼마나 부조리한 것인지 깨닫게 된다. 잘린 손가락을 수술받는 데 수천 만원이 들고, 그 돈이 없어 치료를 포기하는 국민에게 기업은 무관심하며 국가는 무능력하다.

콘스탄트 가드너

페르난도 메이렐레스 감독, 2005년

존 르 카레의 동명 소설을 영화화한 작품이다. 케냐 정부의 부패를 폭로한 이 소설은 케냐에서 금서 조치를 당했다. 케냐 주재 영국 대사관에 근무하는 외교관 저스틴과 헌신적인 인권 운동가인 그의 아내 테사가 주인공이다. 거대 제약 회사와 정부가 결탁해 수백만 명의 환자를 대상으로 불법적인 실험을 자행하고 있다는 사실을 알게 된 부부는 진실을 추적하기 시작한다. 실제 이벳 뻬에르빠올리라라는 열정적인 인권 운동가를 모델로 삼았다고 알려져 있다.

인큐어러블 인디아
우메쉬 아그라왈 감독, 2009년

전 인구의 70퍼센트가 지방에 살고 있지만 병원의 80퍼센트가 도시에 있는 나라, 7억 5천만 명의 환자를 돌보는 의사 수가 3만여 명에 불과한 나라, 치유할 수 없는 환자들을 양산하는 나라가 바로 인도다. 다큐멘터리는 인도의 불합리하고 비현실적인 의료 체계를 폭로한다. 정부가 운영하는 진료소에는 새벽부터 번호표를 받기 위해 끊임없는 줄이 생긴다. 겨우 의사를 만나 진찰을 받는다고 해도 행여 수술이라도 받아야 할 상황이 오면 2년이라는 세월을 무작정 대기해야만 한다.

슈퍼 사이즈 미
모건 스펄록 감독, 2004년

패스트푸드의 해악성을 경고하는 다큐멘터리다. 실제로 감독은 30일 동안 햄버거만 먹으면서 자기 몸의 변화를 관찰하는 방식으로 충격적인 보고서를 완성해 간다. 패스트푸드로 끼니를 때우면서 갑작스레 몸무게가 증가하고 무기력과 우울증 등 각종 정신질환을 겪는 모습을 바라보면서 관객들은 오늘날 값싸고 편한 먹을거리의 실체를 목격하게 된다. 미국의 심각한 비만율을 걱정하는 전문가들의 인터뷰와 패스트푸드 추종자들의 이야기도 함께 실렸다.

모두 안녕하세요?

추선영

일상에서 가장 흔히 주고받는 안부 인사는 아마도 "안녕하세요?"일 것이다. 만나자마자 가장 먼저 상대방이 아무 탈 없이 편안한지 묻는 것을 보면 안녕이란 사람에게 본능과도 같은 것인가보다. 그런데 아무 탈 없이 편안하기 위해서는 무엇이 필요할까? 부富, 명예, 권력, 재능, 외모, 지식? 제 아무리 가진 것이 많아도 건강이 없으면 가진 것을 제대로 누릴 수 없고 제 아무리 재능이 많아도 건강이 없으면 그 재능을 펼칠 수 없으니 사람이 아무 탈 없이 편안하게 지내기 위해서는 무엇보다 건강해야 할 것이다. 그러니 사람에게 건강만큼 중요한 문제는 없다고 해도 과언이 아니다.

물론 전 세계의 모든 사람이 한 결 같이 건강할 수는 없다. 각 개체의 생물학적 특이성을 감안한다면 누구든, 어떤 인구 집단이든 조금씩 아플 수 있고 그것이 크게 대수로운 일은 아닐 것이다.

그러나 건강하지 않은 "전 세계의 어떤 사람"이 특정 지역, 특정 연령, 특정 인종, 특정 사회계층에 집중되어 있다면 그 원인을 무조건 각 개체의 생물학적 특이성 탓으로만 돌릴 수는 없을 것이다. 게다가 특정 집단에 속한 사람들이 아픈 데다 치료도 제대로 받지 못한다면 그것은 정상적이라고 할 수 없다. 그렇다면 사람이 사람답게 살아가기 위해, 공기만큼이나 중요한 건강을 왜 모든 사람이 동등하게 누리지 못하는 것일까?

누구나 건강할 수는 없다

이 책의 첫머리에는 지구를 방문한 외계인이 등장한다. 그리고 그 외계인의 눈에 비친 지구의 모습은 무척이나 이상하다. 외계인은 왜 누군가는 건강하게 생활하면서 자기가 가진 것을 충분히 누리는 데 반해 또 다른 누군가는 건강하지 못한 상태로 가진 것 없이 비참하게 살아가거나 아예 일찌감치 생을 마감하는지 의아해 한다. 지구를 방문한 외계인은 같은 별에 머무는 같은 종족이 극과 극을 달리는 환경에서 살아간다는 사실을 동료 외계인에게 어떻게 설명해야 할지 몰라 고민한다. 아마도 그 외계인이 속한 사회는 무척 평등한 사회인 모양이다. 거꾸로 말하면 우리가 살고 있는 이 지구는 너무나 불평등하다. 그리고 그 불평등은 건강에서 가장 극적으로 드러난다.

누구는 건강하고 누구는 아픈 이유

저자는 하루가 멀다 하고 최첨단 기술이 탄생하는 21세기가 되었어도 모든 사람이 균등하게 건강을 누리지 못하는 원인으로 가장 먼저 불평등과 불평등이 야기한 빈곤을 지목한다. 그리고 불평등과 빈곤이 발생하게 된 배경으로 무엇보다 이윤만을 앞세우는 자본주의의 탐욕을 꼬집는다. 승자독식이라는 자본주의의 특성상 가난한 사람은 더욱 가난해지고 가진 사람은 더 많이 가지게 된다. 그리고 당연하게도 가난한 사람은 건강도 잃게 마련이며 건강을 잃고 나면 가진 것이 더 없어지는 악순환에 빠진다. 자본주의에서 중요한 행위자 중 하나인 기업은 이윤에 눈이 멀어 이윤이 나지 않는 일이라면 인간의 생명에 직결된 일이라고 할지라도 거들떠보지도 않는다.

저자는 통신기술의 발달이 불러온 세계화는 전 세계 사람들의 건강에 긍정적인 영향을 미칠 잠재력을 가지고 있지만 실제로는 부정적인 영향만 더 크게 미치고 있다고 말한다. 탐욕스러운 자본주의가 그대로 세계화된 탓에 기업은 전 세계를 무대로 이윤을 추구하며 사람의 목숨을 파리 목숨처럼 여기게 되었다. 여기에 〈세계은행〉, 〈국제통화기금〉, 〈세계무역기구〉같이 막강한 국제 경제기구들은 각 나라의 정책을 쥐고 흔들면서 기업의 활동을 뒷받침한다. 최근 우리 나라가 미국과 자유무역협정을 체결하는 과정에서 논란의 중심에 섰던 투자자 국가소송제도(ISD)만 봐도 알 수 있다.

한편 건강 격차가 단지 사회경제적인 격차만을 반영하고 있는 건 아니다. 건강은 때로 지리적 격차와 성적 차이에 따라서도 극과 극으로 나타난다. 사회경제적으로는 자본주의 사회의 치열한 경쟁에서 살아남아 부유해진 사람과 그렇지 못한 사람 사이에, 지리적으로는 부유한 북반구에 사는 사람들과 가난한 남반구에 사는 사람들 사이에, 성적 차이에 따라서는 가부장제의 수혜를 받는 집단인 남성과 피해자인 여성 사이에 건강의 격차가 벌어지게 된다. 저자는 건강 불평등의 다양한 사례를 이처럼 여러 층위에서 꼼꼼하게 살펴보고 고발한다.

탐욕의 결정체 기업

앞서 언급한 대로 기업은 전 세계를 넘나들며 돈을 번다. 그리고 돈이 되지 않는 일이라면 제 아무리 중요한 문제라도 얼마든지 눈 감고 지나갈 수 있다. 반대로 돈이 되는 일이라면 극악무도한 일도 서슴지 않을 수 있다. 문제는 사람을 살리는 것을 목적으로 하는 산업, 인간의 건강을 다루는 산업의 행태도 다르지 않다는 것이다. 이 책에서 저자는 주로 제약 산업의 만행을 집중적으로 다루고 있는데, 최근 정부에서 추진하고 있는 포괄수가제가 시행되면 이익이 줄어들 것을 염려한 일부 의사들이 "의료의 질"을 내세워 수술을 거부하는 등의 집단행동에 나서는 현상을 보면 그런 만행은 비단 제약 산업에만 국한되는 것 같지는 않다.

질병은 누구에게나 평등하다

사회적 불평등은 이만저만이 아니지만 질병은 누구에게나 평등해서 북반구에 사는 부유한 남성이라고 해서 병들지 말라는 법은 없다. 저자가 지적한 대로 세계화 시대가 도래하기 전에는 지

구상 어딘가에 홀로 처박혀 있었을 질병이 전 세계를 넘나들게
된 마당에 질병으로부터 마냥 안전한 사람은 없다. 기업이 제 이
윤만을 맹목적으로 추구한 결과 퇴치되었다 여겨졌던 질병이 되
살아나고 있지만 그동안 치료제 개발에 소홀해 온 탓에 변변한
약도 없다. 한편 경제 발전이라는 미명하에 지구 환경을 괴롭혀
온 결과 변화된 기후는 질병의 모습으로 인간을 역습한다. 기업
의 탐욕은 부유한 사람들에게까지 마수를 뻗치는 경우도 있다.
인간에게 해로운 것을 팔아 돈을 버는 산업들은 마치 기생충처럼
생활 속에 파고들어 생활습관병이라는 21세기형 질병을 만들어
냈다.

이대로 좋은가

영화 〈울지마 톤즈〉의 주인공 신부처럼 우리나라보다 더 가난
하고 생활환경이 취약한 곳에서 봉사를 하는 사람들이 생겨났다
는 것은 우리나라의 생활수준이 그만큼 높아졌다는 뜻일지도 모
른다. 그렇다고 해서 우리나라 안에서 가난과 질병이 모두 극복
된 것은 물론 아니다. 앞서 지적한 대로 나라별 격차만 있는 게 아
니라 한 나라 안에서도 격차가 있기 때문이다.

그런데 그 격차로 인해 고통 받는 사람들을 돌보는 일을 누군
가의 선한 마음에만 맡겨 두어도 괜찮은 것일까? 그 격차는 개개
인의 잘못으로 인해 생긴 것이 아니라 구조적인 문제로 인해 발
생한 것인데도?

이와 관련해 저자는 "새천년개발목표" 같은 전시성 의제에만

몰두하면서 그 밖의 문제들에는 소홀한 유엔의 행태를 꼬집으며, 국제사회가 무엇보다 건강 같은 근본적인 문제를 우선 해결해야 한다고 촉구한다. 특히 질병 자체를 해결하려고 들기보다 질병이 발생하는 원인을 파고들어 근본적인 해결책을 제시해야 한다는 점을 강조한다. 그리고 지금처럼 자본이 있는 곳에 돈이 모이도록 하지 말고 필요한 곳에 자금을 지원해야 하며 부유한 나라의 배만 불려 왔던 부당한 부채를 조건 없이 탕감해야 한다고 주장한다.

무엇보다 중요한 것은 건강과 관련해 불평등이 전 세계적으로 만연해 있다는 사실을 깨닫고 이 문제에 지속적인 관심을 보이며 문제 해결에 나서려는 전 세계인의 결연한 의지다. 저자가 제시하는 기업, 국제 경제기구, 유엔을 개혁하자는 거시적 차원의 해결책 역시 전 세계인의 무관심 속에서는 효과를 발휘할 수 없다. 정말이지 더 나은 세계는 가능하다. 단, 더 나은 세계를 꿈꾸고 절실하게 원하며 그 세계를 얻기 위해 행동에 나설 때만이 가능하다.

《아주 특별한 상식 NN-의료 세계화》
의료 세계화, 자본은 우리를 어떻게 병들게 하는가?

지은이 | 셰린 우스딘
옮긴이 | 추선영
펴낸이 | 이명회
펴낸곳 | 도서출판 이후
편집 | 김은주, 신원제, 유정언
마케팅 | 김우정
디자인 디렉팅 | Studio Bemine
표지·본문 디자인 | 이수정

첫 번째 찍은 날 2012년 8월 24일

등록 | 1998. 2. 18(제13-828호)
주소 | 121-754 서울시 마포구 동교동 165-8 엘지팰리스빌딩 1229호
전화 | 대표 02-3141-9640 편집 02-3141-9643 팩스 02-3141-9641
홈페이지 | www.ewho.co.kr

ISBN 978-89-6157-059-6 03300

이 도서의 국립중앙도서관 출판시도서목록(CIP)은 e-CIP홈페이지
(http://www.nl.go.kr/ecip)와 국가자료공동목록시스템(http://www.nl.go.kr/kolisnet)
에서 이용하실 수 있습니다.(CIP제어번호: CIP2012003657)